启真馆 出品

启真讲堂

为什么是英国？

有限政府的起源

The Origins of Limited Government

刘为 著

浙江大学出版社

To Harry

征服者威廉一世（William I the Conqueror, 1027–1087）

约翰王（King John, 1167–1216）

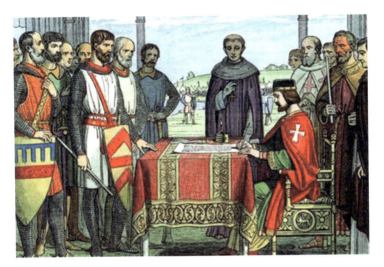

约翰王签署《大宪章》(1215 年 6 月 15 日)

《大宪章》纪念币

亨利八世（Henry Ⅷ, 1491-1547）

伊丽莎白一世（Elizabeth I, 1533–1603）

玛丽二世（Mary Ⅱ, 1662–1694）

威廉三世 (William III, 1650–1702)

老贝利（Old Bailey）审判庭前的碑铭，纪
念布舍尔陪审团在 1670 年的勇敢抗争

约翰·沃根爵士（Sir John Vaughan, 1603–1674），
对布舍尔案做出具有划时代意义的判决的大法官

目 录

引　言

　　1066 年 10 月 14 日清晨，凄风苦雨。在距离伦敦大约 90 公里、靠近英吉利海峡一个叫作黑斯廷斯的地方，7,000 名英国战士和 10,000 名法国战士正隔着雨雾准备做殊死的战斗。英国的统帅是英王哈罗德二世，法国的统帅是诺曼公爵威廉。这一年的 1 月，前任英王爱德华去世，哈罗德继承了王位，但其他三个王位觊觎者对他提出了挑战，其中除了威廉以外，还有挪威国王哈拉尔德和哈罗德自己的兄弟托斯提格。哈罗德是一个勇猛的武士，他一路过关斩将，连连得胜，哈拉尔德和托斯提格都在与他的对阵中战死。现在他希望借着余威消灭最后一个对手。上午 9 时，雨稍停，法国人发起进攻，但英军防线久攻不下。威廉公爵的坐骑在混战中倒地，法军以为统帅阵亡，开始混乱。威廉换了一匹马，并取下头盔大声喊叫以证明自己还活着，这才稳住阵脚。战斗僵持不下，进行到下午，哈罗德被箭射中眼睛倒下，失去主帅的英军最终溃败。

　　这场战役史称黑斯廷斯之战，它奠定了法国人的胜利，开创了诺曼王朝对英国的统治。1066 年是英国历史的转折，而且不单单是英国历史，它对世界历史的影响从此也会慢慢展现。

1518 年 11 月 10 日，英国国王亨利八世之妻凯瑟琳王后产下了一个女婴。亨利有些失望，因为他需要一个男孩。但整个伦敦城还是举行了庆祝活动，可能还放了焰火。焰火的制造术 14 世纪从中国传到欧洲，但直到 16 世纪放焰火才成为王室庆典的保留节目。但是这个女孩只活了 6 天就夭折了。在此之前，凯瑟琳为亨利生下了三男两女，但三个男孩都死在襁褓之中，女孩中第一个是死胎，只有第二个女儿活了下来。这时她已经 33 岁了，对于当时的育龄妇女来说，这已经是相当高龄了。亨利极需要一个儿子，因为在此之前的英国历史上还从来没有过女王当政，所以要一个男性子嗣来继承王位成了当务之急。亨利又等了 10 年，但凯瑟琳王后从此再也没有怀孕过。1528 年，亨利决定休妻，另找一个王后。但是教皇却不允许他解除这场婚姻。使臣在伦敦和罗马之间往来交涉了 6 年，教皇就是不松口。最终，亨利决定抛开教廷来完成自己的心愿。他在 1534 年颁布了《至尊法案》，宣布英国从此不属教皇管辖，并立自己为英国国教教主。此后，他当然如愿以偿地娶了第二位王后。不过是他的第三位王后才又给他生了一个儿子。

1588 年 7 月 19 日西班牙无敌舰队从科鲁纳扬帆出海。之所以被冠以"无敌舰队"之名，是因为这是一支到那时为止人类历史上规模空前的舰队，拥有 130 艘舰船、2,500 门大炮，载有 30,000 名海陆军士兵。另外，在荷兰还有 25,000 名西班牙军在等着与他们会合。他们此去的目的是征服英国。船实在太多了，以至于花了 3 天时间才起锚出港完毕。英国海军当时一共有近 200 艘舰船，虽然在数量上占优势，但在吨位和火力上却大大落后。最要命的是英国几乎没有陆军，一旦西班牙人登陆，肯定是凶多吉少。当无敌舰队进入英吉利海峡以后，英国人发动了两次袭扰战，虽然没给西班牙人造成多少损失，但却阻止了在荷兰的西班牙部队与无敌舰队的会合。会合没有成功，西班牙人却错过了登陆的最好时机，在强劲的南风的作用下，舰队被迫向北驶入北海，绕过英伦三岛的北端进入大西洋，然后掉头回来。就在环绕英伦三岛北部的航程中，西班牙人的导航出了大问题。他们当时并不知道北大西洋洋流的存在，而这股洋流使他们在掉头向南航行时位置大大偏东，也就是说离苏格兰和爱尔兰的海岸很近。接下来老天又不作美：他们遇上了百年不遇的由西北向东南的大风暴，将舰队直直地吹向海岸，半数船只在苏格兰和爱尔兰岸边的礁石上撞得粉碎。最终回到西班牙的舰船只剩下 65 艘，20,000 多人丧生。远征彻底失败。

这几个看起来互不相关的事件与宪政有关吗？关系重大。它们显示了像英国宪政这样一个源远流长的重要体制不但不是少数精英人物头脑风暴的产物，而且还带着很大的偶然性。

关于这几个事件是如何影响历史的，我们会在以后专门讨论。

宪政是一种古老的政体，它的产生和发育用了将近一千年的时间（西历第二个千年），也就是中国从北宋到清朝这十个世纪。但在中国它却是一个新鲜的话题，直到 20 世纪初，中国的精英人士在跟西方的对比中才认识到宪政（当时叫"立宪"）可能是改变国家落后状态的一条出路。但紧接着的革命浪潮很快把对宪政的讨论撇到了一边，对民主的热情盖过了对宪政的精心思考。宪政和民主的关系则很少有人关注。

什么是民主？民主是一种全体公民参与政治决策的制度，或者叫"主权在民"，也就是说统治的最高权力存在于被统治的最底层民众之中。卡尔·波普把现代民主的对立面设置为独裁，认为民主的特质就是人民有权选择他们的领袖，而当领袖不称职时可以替换他们而不必经过革命。[1]有时候民主干脆被解释为"多数人的统治"，这大致上是对的，因为民主的决策总要牵涉一个表决机制，而表决中票数的多寡是最简单的解决方法。但接下来就没那么简单了，接下来要解决的是：谁有权投票？怎么保证投票和计票没有舞弊？投完票谁来执行决议？执行者不得力怎么办？投票者赖以做出决定的信息和依据从哪里来？如此等等。为了回答这些问题，或者说为了让民主在现实生活中行得通，就要设立一些人人都必须遵守的原则或者规矩，这些原则包括公民权利的平等、基本政治自由的不可侵犯、法律的监督等。这些原则在民众中获得共识的程度越高，民主的可行度就越高。

历史上民主的基本形式有两种——直接民主和间接民主，后者又叫代议制民主。直接民主的典型是希腊城邦民主制。两千多年前的希腊城邦规模较小，一般只有几千人到上万人的公民群体，

---

[1] I. C. Jarvie, et al., eds., *Karl Popper: A Centenary Assessment*, Vol. I, Ashgate, 2006, pp.218–219.

因此重大决策如战争还是和平、税收、重要官员的罢免等可以由全体公民直接参与做出。而代议制民主则是由公民先选出代表，再由代表群体进行决策，只有绝对必要时才进行全体公民投票。现代国家一般规模较大，所以现代民主制几乎无一例外都采用代议制。由于民主这种主权自下而上的性质，我们容易产生这样的错觉，即代议制民主必是直接民主的推广形式。其实不然，古典民主和现代民主的起源完全不同。实际上，这两种民主的机制除了在决策上的多数决定原则以外，几无共同之处。譬如在希腊，执政官的选择不是通过选举而是通过抓阄的方式，人民并没有平等的政治权利（非自由民、自由民非本地出生者、奴隶等无选举权），公民参与公共事务是一种义务而非仅仅是权利，公权力对私人领域的广泛干预，司法受民众情绪影响甚至控制，等等，这些与现代民主制都是格格不入的。简单地说，直接民主和间接民主两者不是共生关系。在宪政存在的近一千年里，大部分时间民主是缺位的，而且除了美国这个例外，民主在 18、19 世纪几次革命性的爆发的结果都是灾难性的或至少是消极的。只是到了 20 世纪民主才被广泛接纳为一种有效的政体，不但在政治家手里成了竞选招牌，而且成为知识分子的道德和精神诉求，哪怕最专制的统治者也被迫把民主挂在嘴上。

　　本书要说明的是，在英国这个现代民主的发源地，民主制却是贵族制的延伸，直接民主事实上从来就没有发生过。

　　和绝大多数中世纪的欧洲国家一样，英国也是一个君主国。那么从"主权在君"到"主权在民"，这一切是怎么发生的呢？这正是要归功于宪政（Constitutionalism）。

在当今世界上，所有的国家都有某种形式的宪法，连沙特阿拉伯都在 1992 年由王室颁布了一个称为"基本法"的文件，但它明确宣称没有任何法规可以超越《古兰经》和伊斯兰法典。因此人们对它能不能被称为宪法依然存疑。不过英国并没有一部成文宪法，英国的宪法精神是体现在众多的具体法律之中的；与此类似的国家还有以色列和新西兰。

但有了宪法并不等于宪政。宪政有一些基本原则，其中最重要的表述就是：政府的一切作为都受制于昭示于世的法律，不得专断。因此，宪政即"限政"——有限政府。如此对照下来，全世界的宪政政体就剩下不到 1/3 了。在历史上，宪政可以没有民主，甚至可以没有行政权和立法权的分离 [1]，但民主却不能没有宪政。

组织起来的人类社会最大的弊病是权力的滥用，也就是一部分人对另一部分人施加过度影响，有时候是以此谋求自身利益，有时候甚至并不是为了谋求自身利益。要限制这一点，最好的办法是当两个人面对一堆土豆时，动手把土豆分成两堆的那一个人后取土豆；或者说不管有多少人分享这堆土豆，在分配过程中影响力越大的人，取得土豆的顺序越靠后。问题来了：当人数多到无法人人见证分配过程的时候怎么办？答案是设立一个第三方，他不参与土豆的分配，或者他的利益不随土豆分配的结果而变动，

---

[1] 在英国式议会体制下，执政党作为多数党控制议会，甚至它的行政首长如首相和部长直接就占据议会议席，所以反对党一般无法阻止政府通过立法推行自己的行政理念。

而且他的地位一经确立便不能撤销和改变；他的任务不是裁决分配方案的正确与否，而是监督取土豆的顺序是否确定无误。这就是消极的监督权对积极的管理权的驾驭，或曰司法至上。宪政的核心是司法至上。

在世界上所有存在过的法理体系中，只有英国法明白了当地宣称——法律的要旨不是惩恶扬善，而是确保公权力不能随心所欲地侵犯私权利，即合理地获得土豆的权利，因为个人的恶再大也是小恶，而国家的恶再小也是大恶。由此我们可以明白，要了解宪政，首先要了解英国。本书的目的是要通过对英国中世纪法权史的追述，解释英国宪政的起源和发展。

最晚从 12 世纪起，英国社会就从欧洲大陆的封建制度当中分离出来，走上自己独立的道路；到了 13 世纪，封建主义在英国已经是一种余波。首先，在封建制的消亡过程中形成了绝对产权制度，在这种制度下人民可以自由处置个人物产（主要是地产），这使得封建关系形同虚设；其次，英国由于诺曼征服而成为欧洲第一个中央集权国家，这导致了一种独特的法律制度——普通法的产生，它以陪审团制度为核心，并把司法置于立法之上，这使得国家的政治权力无法直接干涉属于私人领域的事务。我们可以说正是这两种传统造就了英国的宪政。也正是这种对国家权力的自始至终的警惕，使得英国的贵族在要么听任王权专制，要么扩大人民参政的两难境地中选择了后者，这就是英国从宪政通向民主的路径。

第一章 宪政编年

大宪章

习惯上大家称英国宪法为"不成文宪法",因为我们找不到一部像《中华人民共和国宪法》或《美利坚合众国宪法》那样的文件来列举英国的建国原则。但实际上这些原则还是在文字上有迹可循的。这些文字见诸英国历史上的一系列文件之中,其中最早和最重要的是《大宪章》。

1215 年的英国国王叫约翰(1199—1216 在位),他是一个名声不太好的国王,这不仅因为他在对外战争中屡战屡败、失地赔款,而且因为他作为国家的最高法官总是过度收费。他在 32 岁时登上王位,几乎立即就跟法国开战,或者说法国跟他开战。作为法国的诺曼公爵和安茹伯爵,他在法理上是法国国王腓力二世的陪臣。1199 年,他被腓力二世指派去调停吕西尼昂家族(Lusignan)和昂古莱姆家族(Angouleme)这两大家族的矛盾,结果他非但没有把两家本来已经订婚的子女之间的婚事促成,反而娶了其中的昂古莱姆家的女儿，引得双方剑拔弩张，战事一触即发。腓力二世命令约翰到庭前陈述，约翰拒不从命，于是两个法国家族之间的纷争成了法国和英国两个国家之间的战争。到了1206年，约翰不但已经丢掉了诺曼大公国和安茹伯爵领地，还把另外几块法国领地也丢掉了。他决心要收复失地。

13世纪欧洲的战争由两种不同的军队来打——要么是贵族骑士按照封建义务为领主服军役，这种军役一年不得超过40天；要么是使用雇佣兵。后者靡费巨大，但管理相对简单，作战也更为有效。这时的英国封建制度已经失效，因此佣兵制成了唯一的选择，这样就需要大量的金钱来维持军费。通常情况下，贵族如不亲自随国王出征就要按照合同出钱由国王自己组织军队，但这次贵族们已经对战争的旷日持久和连续失败忍无可忍，再加上他们都认为是约翰谋杀了被他俘虏的亲侄子亚瑟（这位侄子得到法国国王支持跟约翰争王位），于是群起反叛。他们几乎没费什么力气就把约翰赶出了伦敦。但他们也不想除掉他，因为国王毕竟是国王。他们要跟他做一笔交易，由坎特伯雷大主教扮一个中间人的角色。

1215年6月15日，约翰王在大主教陪同下来到伦敦附近泰晤士河边一处叫作兰尼米德（Runnymede）的草地上，一群贵族早已在那里等待，他们递给约翰一卷揉皱了的羊皮纸，上面列了63条规则要求约翰遵守。这就是以后闻名于世的《大宪章》，它被誉为英国历史上第一个限制王权的文件，它的一些内容成为英国宪政的基本原则。

议会的确立

议会是封建制度的产物，它起源于御前会议。13 世纪上半叶，御前会议的名称渐渐被一个来自法语的词"议会"（Parliament）所取代。议会最初的作用主要是为国王提供法律咨询，并替国王传达行政指令，并不像以后那样专司立法；它的成员都是大贵族和高级僧侣，召开的时间并不固定，而是根据国王的需要临时召集。到了 14 世纪中叶，奉召入宫的家族渐渐固定下来，成为一种世袭特权，这就是上院，或称贵族院的来源。

另一方面，由于税收也涉及骑士以下的封建等级和城镇中的市民，他们的代表也会不定期地被召来陈述意见，这些代表人数到 14 世纪也逐渐固定下来：每郡两名骑士，每个城镇两名市民。他们的与会起初是贵族会议的附属品，但到 14 世纪末则有了自己单独的开会场所，因此形成了所谓的"下院"。由于骑士本身也是地主阶级的一部分，他们与贵族的区别除了领地的大小以外，只不过是封号不能世袭，所以英国下院所代表的利益集团并不与上院泾渭分明。它既与土地贵族有千丝万缕的联系，又常在税收问题上代表市民阶层的利益。

在整个 14 世纪，议会变得越来越重要，主要原因是它逐渐通过在税收问题上的决定权控制了王室收入，迫使国王不能对臣民的利益诉求置之不理。这期间由于英法之间的百年战争（1337—1453）花费巨大，为了筹集战费，历任国王不得不经常召开议会以便征得新税，使得议会的权力大增。更有甚者，到了 15 世纪，议会通过的决议不断被后世援引，因此具有了恒常性，成为法律。议会也从司法、行政的咨议机构演变成为主要担当立法责任的立法院。当然，议会这一角色的确认还得经过至少两百年。

总之，13—15 世纪是英国议会的成长期，这一个趋势要到 16 世纪都铎王朝的绝对君主时期才受到阻遏。

宗教改革

1517 年，一个名叫马丁·路德的德国修士在欧洲大陆开始了一场对罗马天主教的批判运动，他指责教廷的专断和教士的腐败，并且宣称教皇无权垄断对《圣经》的解释。这引发了一场轩然大波，最终导致教会的分裂和基督教新教的诞生。这就是宗教改革的由来。在选择需要一个什么样的上帝的过程中，英国站在了新教一边。

我们在前面已经看到，英国宗教改革的旗帜性人物就是国王亨利八世。不过具有讽刺意味的是，他在跟教廷决裂以前却是马丁·路德最激烈的反对者，坚决主张要把他革出教门，而且终其一生，亨利在内心里都是一个天主教（旧教）徒，在他颁布的一系列有关教义的法案中，传统的天主教教义依然是唯一合法的信仰原则，而各种新教教义则被宣布为异端邪说。[1]

通过《至尊法案》，亨利八世宣布英格兰教会为独立教会，并

---

[1] "The Act of Six Articles", in J. R. Tanner (ed.), *Tudor Constitution Documents*, Cambridge University Press, 1930, pp.95–97.

把自己封为护教主。这样一来，忠诚于罗马教廷的各级教会便失去了合法地位。亨利八世的首席大臣克伦威尔（这是另一个克伦威尔，不是一百年以后主宰英国的那位独裁者）花了两年时间来调查教会财产，又花了六年时间来没收这些财产。结果是，英国不经意地除掉了最大的一个封建领主，而国王手里则有了一大笔财产来收买自己的支持者，以此建立了一个强大的中央集权政府，它成为英国绝对君主制的基础。

绝对君主制的出现使得宗教改革看上去跟宪政的方向背道而驰，但是从长远来看，它使得英国的法律体系进一步远离教会法的影响。正是在宗教改革后的一个多世纪里，英格兰法律的发展日臻完善，成为宪政的支柱。此外，宗教改革还带来了一个意想不到的好处：当欧洲大陆持续地进行宗教迫害的时候，大批新教徒被迫逃亡到宗教比较宽容的英国，这些宗教流亡者当中包括许多技术和商业精英，他们在英国未来的发展中功不可没。四百年以后，希特勒重蹈大陆帝王们的覆辙，迫害犹太人，以至于为英国和美国送去大量宝贵的免费人才。

绝对君主制的衰亡

在欧洲历史上，绝对君主制曾经在近代有过一个辉煌时期，它的存在伴随着大一统教会的衰落、封建制度的解体和民族国家的崛起。英国也有过绝对君主制，只不过时间比较短暂，前后不到100年，它的高峰是在亨利八世之女伊丽莎白一世（1558—

1603 在位）统治时期。在这个时期，英国的生存面临着法国和西班牙两个天主教帝国的威胁，尤其是西班牙国王腓力二世的外交政策更是旨在推翻伊丽莎白的王位，在英国恢复天主教统治。在这种压力之下，以新教徒为主的议会做出权力退让，允许女王在行使权力时少受干预。在伊丽莎白统治的 45 年当中，议会只召开了 10 次，频率小于她的所有前任。当议会做出决议要她结婚生子以保王祚的时候，她回答说她结婚的事别人管不着。君主这样的一意孤行在英国君主和议会的关系史上是空前绝后的。

1588 年，随着西班牙无敌舰队的覆灭，外敌的威胁解除了，这时王室企图把君主专制制度延续下去，但贵族却不肯轻易接受这一点，争端由此产生。以议会为一方，国王查理一世为另一方，双方就是否尊重"古老的宪法传统"发生冲突，终于在 1642 年爆发内战。战争打打停停，最后以议会方面的胜利而结束，国王则在 1649 年上了断头台。此后，英国成了一个共和国，不过这却是一个独裁制的共和国，在战争中崭露头角的中间等级的领袖克伦威尔自封为护国主，独揽大权，议会形同虚设。他在 1658 年死后，权力由他的儿子理查继承，继续进行独裁统治。这场以反对专制、维护宪政为起因的战争在区区 400 万人口的国家导致了 10 万人的死亡，很多贵族家庭兄弟阋墙、父子反目，他们在战场上彼此厮杀，结果却让平民出身的强人建立起了军事独裁，这是贵族所不愿意看到的。1659 年，理查·克伦威尔在执政仅一年多以后就被迫辞职，1660 年查理一世的儿子查理二世（1660—1685 在位）结束在法国的流亡回国即位。折腾了 20 年，好像又回到了原点。其实不然，因为中间等级已经在内战中兴起，此后贵族一方面要警惕君主专制的回潮，另一方面要防止平民过快地参政，以免破坏了君主－贵族－平民三足鼎立的宪政平衡。只不过从今以后各方都从内战中得到教训，凡事尽量协商，再不动武。这恰恰是宪政的精髓：承认人的不完美，因此这个世界不可能完美，要达到自己的最大利益，最好的办法常常是兼顾对方的利益。

多党制和内阁制

在 1679 年的议会上，议员们在王位继承问题上发生争执。一派主张把查理二世的儿子詹姆士排除在王位继承人之外，因为他是一个公开的天主教徒，他当国王的话新教的英国就会遭殃。另一派则坚决维护王朝正统，称王位继承人的顺序不能改动。火药味十足的争吵变成了谩骂，亲詹姆士派称对手为"辉格"（Whig），这在古苏格兰语中是"马贼"的意思；反詹姆士派也不相让，他们把对手称为"托利"（Tory），这是爱尔兰语"强盗"的意思。谁知这两个不登大雅之堂的词语居然被双方各自接受，于是有了所谓的辉格党和托利党。这就是近代英国政党政治的开端。托利党演变成后来的保守党，一直延续到今天；辉格党则演变成自由党，它的主要政党地位后来被工党代替。

1685 年查理二世去世，詹姆士即位，是为詹姆士二世。他愚蠢而固执，惹得天怒人怨，但新教贵族把希望寄托在他提前退位上，因为他的女儿玛丽是个新教徒。此时玛丽是荷兰执政者威廉亲王的王妃，他们是近亲结婚，因为玛丽的父亲和威廉的母亲是亲姐弟，也就是说他们有一个共同的（外）祖父，就是在内战中被砍了头的查理一世。他们的婚姻纯粹是为了向英国的新教徒表明，他们的国家并不会因詹姆士的即位而回到天主教统治，因为威廉也是新教徒。但1688年詹姆士得了一个儿子，这使得形势大变，因为男性子嗣继位优先。贵族们决定不能再等。议会通过决议逼迫詹姆士退位，并邀请玛丽和威廉到英国执政。夫妇俩欣然同意。当他们在一支15,000人的军队随护下在英国登陆时，詹姆士知道大势已去，只好匆匆逃往法国避难。这个事件史称"光荣革命"，它在没有流一滴血的情况下完成了一次政变，由此阻止了王权专制回潮的势头。1689年颁布的《权利法案》确立了议会对王权的制衡，"限政"终于得到统治阶级各派的认可。

这里我们看到，为了一种政治－宗教理念的延续，英国人可以不惜借一个外国人来当国王。到了1714年，为了彻底断绝天主教复辟的可能性，他们又借一个外国人来继承英国王位。玛丽女王和威廉分别于1694年和1702年去世，玛丽的新教徒妹妹安妮女王继位。她于1714年去世后，议会把英国王位交给了王室的远亲、德国的汉诺威亲王乔治，没有别的原因，就因为他是新教徒。这次改朝换代也没有动用任何武力。在这些令人眼花缭乱的王位继承安排后面，议会的力量在不可抗拒地增长，而王室则渐渐从管理国家的日常事务中引退。在这个过程中，最重要的是两件事：政党政治和责任内阁的出现。

和中国古代"君子不党"的传统一样，在当时的英国人心目中，党派也不是一个好东西。但随着议会权力的增长和王权的衰落，政见之争越来越需要一种规范，政党就此成为议会内部斗争的一种常态。由于辉格党和托利党的分野，这种党争从一开始就以两党制的形式出现。在整个 18 世纪两党交替执政，但总的说来上半叶是辉格党的天下，下半叶则以托利党的统治为主。

内阁制的出现也跟王权的衰落有关。中世纪的国王亲自通过御前会议管理国家，"光荣革命"以后君主不再自己充当国务会议的主席，而把这个角色交到一个在议会中获得大多数支持的大臣手里，再由此人选择别的重要大臣如枢密院长、大法官、掌玺大臣、财政大臣等组成内阁。这个方法在 18 世纪 20—30 年代形成定制，又经过将近一个世纪的实践，到 19 世纪初期才形成政党轮换的完善体制。今天的英国政党在议会选举中获得多数以后，党的领袖在形式上还要被召到宫中接受女王训示并委托组阁。

普选制

从历史上说，英国的贵族阶级从来都不喜欢民主，他们中间的保守派更是把民主视为洪水猛兽，但他们中间的明智者很早就看到庶民参政不可避免。总体来说，英国统治阶级从自己的利益和国家利益出发对民众的政治诉求采取了妥协退让的态度。

19 世纪是议会改革的世纪。18 世纪末，工业革命带来的经济变化极大地改变了英国的人口分布，许多在中世纪繁荣的城镇日益衰落，有些城镇人口只剩下几百人甚至几十人，却仍然可以选派两名议员，而伯明翰和曼彻斯特这样的新兴工业城市尽管各有几十万人口，却一个代表名额都没有。这时在中间等级，特别是工业家集团中，改革呼声日益高涨，但以一部分贵族为代表的土地利益集团却抵制改革。1832年较为激进的辉格党内阁上台，为了推动改革法案在议会通过，首相格雷勋爵跟乔治四世国王达成共识，准备让国王把贵族头衔封给一部分改革派人士，以期在上院形成多数。在这种情况下，保守派的托利党议员主动提出不参加投票以避免由于新增辉格党议员而造成永久的激进多数。于是改革法案得以通过。这次改革把选民的财产资格限制降低到拥有每年值10英镑的土地或每年付10英镑租金，结果把选民人数从20万增加到100万。改革的成功使中产阶级跻身政治决策阶层，保守派贵族也看到渐进性的改革并未损害到他们的根本利益，于是在以后的改革当中大多采取合作态度。经过1867年和1884年两次后续的议会改革，21岁以上的全体男性都有了选票。然后是女性，1918年拥有最低财产资格的30岁以上女性有了选举权；又过了10年，全体21岁以上的女性才有了选举权。

到此为止，民主制度才算真正实现，宪政也终于有了它今天的形态。

第二章　封建制的迟来和早退

英国人对自身权利有一种特殊的敏感。英国当代著名作家和记者帕克斯曼认为，英国人最重要的特质是"我知道我有什么权利"。[1]

英国人为什么对自己的权利那么看重呢？这是因为他们在很早的时候就有了一种别人没有的东西——绝对产权。而且他们认为，财产如果不是私有的就不叫财产。在英语当中只有属于私人的地产才称为 real property，即"真正的财产"。而这种绝对产权的概念是从封建产权关系中产生并发展起来的。

为了把这个问题说清楚，我们先来看看什么是封建制度。

（"封建"这个词在中文当中引起了无穷无尽的混乱，其根源是一百多年前日本把"封建"两个字用来比照欧洲文字中的feudum 一词，而中国清末民初的翻译精英又借用了这个译法。这两个词本来就差别很大，以后的一些学者又以讹传讹，把秦汉以来的中央集权称为"封建制"，结果欧洲的等级"封建"在中国成

---

[1] Jeremy Paxman, *The English*, Penguin Books, 1999, p.133.

了大一统的"封建"了。)

公元 1—5 世纪，大致是中国的东汉和魏晋时期，欧洲的大部分地区处在罗马帝国的统治之下。这个帝国的疆域包括今天的法国、意大利、英国、瑞士、西班牙、奥地利。帝国的北面，也就是现今的荷兰、德国、斯堪的纳维亚各国则由被视为"蛮族"的日耳曼部落占据着。至于波兰以东包括现今俄罗斯在内的广大土地也是文明未及之处。罗马人与蛮族的关系并不是持久的敌对关系，在和平时期帝国允许蛮族在自己的境内耕种、放牧，有时还招募蛮族人作为帝国军队的士兵，并对服役期满并宣誓效忠者以公民身份作为奖励，有点像今天美国军队的做法。在关系不好的时期，蛮族会侵入帝国领土烧杀掳掠。但总的来说，以莱茵河和易北河为界的这条文明与蛮族的界线还是稳定的。有一种理论认为，公元 1 世纪匈奴人在和中国汉朝的战争中败北，从此向西迁徙，经过两个多世纪的跋涉到达欧洲的东部，也就是日耳曼人居住的地方。日耳曼人敌不过强悍的匈奴骑兵，只好抛弃家园向西进入罗马帝国的领地，他们的主要营生之一就是给罗马皇帝当雇佣军。

公元 3 世纪开始，帝国陷入了长期的内战和管理混乱，由于没有一个有效的继承制度，皇帝的更替被军队所操纵，同时由于公民人数的不足，军队逐渐蜕变成为雇佣军。为了保证有效的统治，罗马的最后一位"中兴之帝"戴克里先皇帝（284—305 在位）把庞大的帝国疆域分为东西两部分，西罗马仍以罗马为帝都，东罗马则建都于拜占庭，也就是今天的伊斯坦布尔。公元 476 年，西罗马的末代皇帝罗慕路斯·奥古斯都（Romulus Augustulus）被一个叫奥多埃西（Odoacer）的日耳曼首领废黜，西罗马从此灭亡；东罗马尽管又延续了一千年，到 1453 年才被土耳其人消灭，但它已经不是欧洲文明的中心。

西罗马的灭亡，像是一座大厦轰然倒塌，过去的政治权威荡然无存。作为半职业武士的日耳曼部族首领和他们的随从在帝国的废墟上横行无忌，建立起星罗棋布的日耳曼王国，其中最强大的有法兰克、西哥特、东哥特、伦巴第。大致来说，法兰克是今天法国的前身，西哥特占据着今天的西班牙，而东哥特和伦巴第则在时间上先后统治着今天的意大利。另外还有一个所谓"东法兰克"，它是指留在易北河东岸的一些日耳曼人部族，它们构成了日后德意志帝国的基础。

5—8 世纪的欧洲没有一个统一的世俗权威，只有教会在维持着某种精神秩序。公元 800 年一个叫查理的日耳曼首领替教皇除掉了政治对手，教皇为了表示谢意，就把他称为"神圣罗马皇帝"。这个所谓罗马帝国占据的不过是意大利的北部、法国的西部和德国的南部。于是，查理被称为"查理曼"，也就是查理大帝的意思。814 年查理曼死去，他的三个儿子瓜分了他的土地，帝国也就不复存在了。除此之外，遍布各地的军事贵族多数是独行侠，并不听命于国王、皇帝。这就像 1911 年中国清朝统治崩溃以后，数以千计的军阀横行天下，大的占据一两个省（张作霖占了三个省），小的只在一两个村庄里称霸。所不同的是中国的军阀割据只存在了 20 多年，在日本的侵略面前，这种割据被民族抵抗战争掩盖了。而在欧洲，这种混乱却持续了 400 年。

查理曼帝国消亡以后，事情稍稍有了变化。从前随从们跟着首领打仗，换来的报酬是掳掠来的财物、牲畜，有时还有奴仆，但是从 9 世纪开始，首领们发现另一种奖赏的方式更能维持属下的忠诚——给他们土地。于是就有了分封制，在这种制度下首领把占领的土地分封给随从以换取他们的军事义务，这样随从就从单纯的武士变成了领有土地的陪臣。分封的土地虽然是终身领有，但陪臣只有使用权没有所有权。陪臣在获得土地时需要对领主宣誓效忠，并向领主提供服务，其中最重要的是军事义务，就是替领主打仗。领主的义务则是对陪臣提供庇护并在他遇到困难时给予法律、财务方面的帮助。双方有一方死亡时合约便失效，双方的义务也从此消失。这就是我们所说的封建制。到了公元 10 世纪，欧洲大陆已经基本上没有无主的土地，也就没有不是陪臣的武士了。

这里要特别强调的是，陪臣子嗣的继承权完全不包含在契约之中。土地和封号的继承之所以成为可能并不是由于法律的保障，而是由于习俗的存在。这和中国周代的封建制适成对照。因为周代的分封是家族分封，所谓"封建亲戚，以藩屏周"；周初的 71 个诸侯国绝大部分是姬姓宗亲。

那么陪臣付出的回报是什么呢？一份公元 8 世纪的文书这样写道：

　　某人将自己置于另一人的保护之下时应如此告称：

　　在此，我本人（乙方），向尊贵的大人××（甲方）

　　做如下告称：众所周知，本人因无力供养自己，特向大人您乞求怜悯，并将自己置于您的庇护（mundoburdus）之下。大人您已照准此项要求。您已同意并正在提供我衣食，为此我已同意并正在尽我绵力为您效力。我将终身以自由人身份为您效力，在我有生之年我将无权从这种服务以及您的权威和庇护中退出；相反，我必须终身将自己置于您的权力和庇护之下。假如双方中的一方要求改变本契约的条件，那他必须向对方支付赔偿（Xsolid），但契约本身不得终止。[1]

这里的"提供衣食"在多数情况下即是给予土地。土地的接受者（陪臣）所需提供的服务是另外规定的，每个契约各不相同，名目繁多，但主要是服军役及提供建议。这种提供建议的义务即是议会的起源。

除了具体的义务以外，陪臣对领主还保持着一种信义上的效忠，这包括：（一）不危害领主的生命；（二）不伤害领主的身体；（三）以诚信对待领主；（四）不损害领主的财产；（五）随时准备提供帮助；（六）不违背领主意志……[2]

另一方面，领主对陪臣的义务包括供养（提供土地）和人身保护；在意念上，陪臣对领主的效忠，领主必须在所有上述方面都给予回报。[3]

因此我们可以确定，封建主义最根本的关系是自由个人之间

---

[1] F. L. Ganshof, *Feudalism*, University of Toronto Press, 1996, p.7.

[2] 同上书，p.83。

[3] 同上书，pp.94–95。

的契约关系。

我们对封建主义的理解是逐渐加深的。19 世纪的历史学家用封建制度来解释从上到下的整个中世纪社会，有些学者甚至把封建主义的基本矛盾描述为以封建主阶级为一方、以人身不自由或不完全自由的农奴阶级为一方的阶级战争。20 世纪 40 年代以后，随着新史料的不断发现，以及对这些史料不断深入的解读，对封建主义的理解有了很大的变化。今天我们用"封建制"一词来描述封建主（君主、贵族、骑士）之间的关系，以及由此形成的社会的上层结构。在这种结构中，军事义务是基本纽带。而用"庄园制"一词来描述封建主与农民的关系，在这种制度中不存在军事义务，领主与农民的关系从完全的自由契约到几乎完全的人身依附，千差万别，而且在极大程度上取决于习俗，领主很难为所欲为。简单地说，在中世纪的欧洲，封建主之间的关系是封建关系，封建主与农民之间的关系不是封建关系。做这样的区分，非常有助于我们理解封建制度消亡的原因。[1]

正是这种极端的个人主义色彩使得西欧封建主义从一开始就处于不稳定的状态。因为它是一个二律背反：为了巩固社会的经济结构它需要某种制度安排来固化产权关系；但是领主为了强调自己对土地的权益又只允许陪臣对封地有终身的支配权，而没有法理上的继承权，这意味着个人的死亡或者仅仅是身份的改变（被

---

[1] F. J. West, "On the Ruins of Feudalism-Capitalism?" in Eugene Kamenka and R. S. Neale eds., *Feudalism, Capitalism and Beyond*, The Australian National University, 1975, pp.50–61.

判罪、逐出教门、毁约等等）就会带来产权关系的变化。这个根本性的矛盾最终将导致封建社会的解体。同时我们还将看到，由于封建秩序是建立在契约关系之上的，这种对契约的根本性的尊重以及契约关系的高度的个人化，使得一旦条件具备，封建社会很容易转变为资本主义社会，因为契约一旦从对人身关系的约束变成对货币支付关系的承诺，社会结构就立刻发生变化。当然，这里的"立刻"可能是几百年，而所谓的"条件具备"，全世界只发生在一个地方——英国。这种封建社会"自然而然"向资本主义社会转化的概率，跟"条件具备"时在宇宙的某一个星球上产生智慧生物差不多。

在这里我们可以看到，封建秩序不稳定是由领主－陪臣关系的特性决定的。首先，陪臣为了获得更多的土地，会同时宣布效忠多个领主；其次，领主既是下级陪臣的主人，又可能是某个上级领主的陪臣；再次，大领主如国王虽然名义上是最高领主，但他往往会由于联姻、继承、赎买等原因成为别的领主的陪臣。如13世纪英国国王的头衔是"英格兰王、诺曼公爵、阿奎丹公爵、安茹伯爵及爱尔兰领主"，其中诺曼公国是诺曼公爵1066年入侵英国时带来的，阿奎丹公国和安茹伯爵领地是通过联姻得到的，而爱尔兰则是教皇恩赐的领地。由于诺曼、阿奎丹和安茹都在法国，因此英国国王又是法国国王的陪臣，而通过领有爱尔兰，他又成了教皇的陪臣。最后还有教会，教会虽然是最大的领主，但单个的地方教会又有可能通过领有或接受有条件的赠予而成为世俗贵族的陪臣，如此等等。

我们可以想象，在这样一张错综复杂的人身依附关系网当中，一次婚姻的成功和失败，一个婴儿的出生或夭折，甚至一次赎买行为的顺利与否，都有可能大大影响一个国家的历史。譬如，1356 年，法王约翰二世（Jean II，1350—1364 在位）在战斗中被英军俘虏，英国人允许法国赎回他们的国王，但要价 300 万金克朗，并允许约翰回国筹集赎金，条件是他要把儿子路易送来作抵押。当时的法国民生凋敝，这些赎金筹了 7 年还没筹齐，而路易王子虽然被待以上宾，却终于耐不住寂寞跑回了家。约翰二世对此心存愧疚，认为儿子的行为破坏了法国国君的形象，便自愿回到英国重新当俘虏，并且客死他乡，再也没有回到法国。法王死后，英国得不到赎金，战端重开，又打了 90 年，结果是英国失败，从此完全退出法国，再也不参与争夺法国王位。如果路易王子留在英国当人质，那很可能战端就不会再开。

封建关系还有一点是中国人不太容易理解的，这就是陪臣只对自己的直接领主有义务，所谓"我的陪臣的陪臣不是我的陪臣"。其结果是底层的小贵族往往对最高层的大贵族包括国王有一种身份上的相对独立。

人身依附除了对领主的依附以外还有一层意思就是对土地的依附，而对土地的依附则意味着不是人拥有土地，而是土地拥有人。陪臣获得土地以后只有终身使用权，这意味着土地不可买卖。陪臣死亡时，封地须交还领主以便重新分封，但该陪臣的子嗣交纳继承税（Relief）以后有优先获得权。在实际生活当中，很少有子嗣得不到继承的。这就是封建土地所有制，在这个制度下，土地的所有权是相对的，因为人身权利是相对的，而物权依附于人身权利。

封建制的一个副产品是政治权力的碎片化。由于陪臣只对自己的直接领主效忠，就不可能存在对国家的忠诚，因此国家权力往往缺位，在这种情况下，单个领主便承担起地方行政长官和法官的责任来。

采邑制

陪臣受封土地最小的单位是采邑。采邑是一个经济单位，是封建主和农民直接发生关系的地方。采邑是领主的财产，有时一个自然村就是一个采邑，有时一个采邑包含若干个村庄，有时一个村庄里有若干个采邑，全由分封和继承关系决定。在采邑上耕作的农民是农奴（英国农民的身份各有不同），他们附着在土地上，人身不自由。每个采邑中都有一部分土地由领主直接耕种，也就是说由农民无偿地在这部分土地上替领主耕种，这样的直耕地一般占 1/5 到 1/4。剩下的耕地则佃给农民耕种，他们还要为此付出实物地租。

采邑土地的耕作方式是轮作制，即每年一半耕作，一半休耕；后来发展成更先进的三圃制，即 1/3 耕作，1/3 放牧，1/3 休耕。土地划分成条地，以马拉犁来回一趟的宽度为一条；条地在各个农户之间的分配并不以身份决定，以免好地集中在一些人手中，领主的直耕地也间杂其中。条地制使得不同身份的农民在耕作时必须协作，在选择农作物和耕作时间上也要一致，这是采邑制农业长期妨碍技术改良的根本原因。此外，采邑上还有固定的公共牧场、公共林地，供全体村民平等使用，包括放牧和取薪，领主也不例外。河流和湖泊中的捕鱼权也归全体村民，但狩猎权却多归领主所有。

采邑制形成上层封建结构和下层社会之间的一个焊接面，有点像中国秦以后的帝制时代，县以上是官僚结构，县以下是宗法结构，天高皇帝远，中央的传统权威往往只及县，底层的秩序更多的是靠习俗来维护。

所有公共权利包括使用公地的权利都依习俗而定，如需做出变更，则要由全体村民会议决定，在这种时刻领主只是普通成员，并无特权。这种决议不由多数票产生，而是采用全体一致通过的方式。在一年的某些天中，领主可以要求采邑的全体居民到他的土地上劳作，或提供建筑、搬运等劳役，这时他必须为参加者提供食物、酒和工资。这种场合后来成为变相的公共节日，领主尽管开支浩大也必须举办，村民则得到一次难得的免费公共狂欢。

到 13 世纪，绝大多数劳役已经转变为现金支付，即农奴向领主支付现金，由领主雇工来耕种直耕地。这种剥削是沉重的，一般都要占到农奴全年支出的一半。[1]

英国封建制的特色

当我们讨论欧洲封建主义的时候，必须对英国另眼相看。英

---

[1] Frances and Joseph Gies, *Daily Life in Medieval Times*, Barnes and Noble, 1990, pp.120–227.

国原本是没有封建制的，1066 年的诺曼入侵给英国带来了封建制，同时也带来了采邑制。这从根本上改变了英国历史的走向。

英国本是罗马帝国的一个行省，称为不列吞（Briton）。罗马人在公元 43 年征服了这个偏远的岛屿，把它变为自己的西北前哨，直到 410 年，帝国的内乱使罗马人再也无力在那里维持一支卫戍力量，罗马文明就撤离了不列吞。5 世纪末，原本居住在欧洲大陆北部的三个日耳曼部族盎格鲁人、撒克逊人和朱特人渡过英吉利海峡来到英格兰，他们在所到之处烧杀掳掠，土著居民凯尔特人几乎被消灭殆尽，只有在北部的苏格兰和西部的威尔士地区还保持着一些独立的凯尔特人部落。盎格鲁－撒克逊人建立了众多小王国，这些小国在 7 世纪完全皈依了基督教。9 世纪下半叶它们统一成为英吉利王国。公元 9、10 世纪，英格兰不断受到来自北海对岸的维京人和丹麦人的入侵，在 1013—1042 年间还短暂地处于丹麦王国的统治之下。但总的来说，盎格鲁－撒克逊人的统治在政治上是有效的，在文化上是成功的，它造就了当时欧洲唯一的一个统一的国家级政治共同体。这一点至关重要，因为它是使英国不同于欧陆的根本原因之一。

简单地说，在 1066 年诺曼人到来前，英国贵族从国王手里接受土地时拥有完全的所有权而不附带封建义务。国王与随从武士的关系要么是主人与门客的关系，大致像燕太子丹与荆轲那样，要么是雇佣关系。总之，不是领主和陪臣的关系。1066 年黑斯廷斯战役中，英王哈罗德战死以后，他的 300 扈从为了保护他的尸体死战不退，直到一个不剩地全部战死；而法国武士一听说诺曼公爵战死便要作鸟兽散，因为领主一死，契约便算解除。

这就是说，到公元 10 世纪，当欧洲大陆已经到达封建制度的鼎盛期时，英国却还不是一个封建社会。但 1066 年的诺曼入侵把这一切都改变了。

首先，诺曼人没收了英国贵族的地产而把它们占为己有；其次，诺曼人是封建贵族，他们很自然地把对土地的占有变成了封建占有，建立起了采邑制度，从今以后，国王给予扈从的土地不再是赠予而是分封，获得土地就意味着必须向领主提供义务；再次，诺曼人带来了欧洲大陆的封建法规，起主宰作用的不再是盎格鲁-撒克逊习惯法。总之，诺曼入侵为英国带来了封建主义，使英国成为欧洲大陆封建体系的一部分。[1]

但英国的封建制度从一开始就跟任何地方的都不一样。其中最重要的有两点:（一）中央集权的政治体制;（二）与第一点密切相关的普通法。

这里有必要再强调一下：封建制是一种极不稳定的社会秩序，甚至可以说是一种带有自我摧毁因素的机制。因为封建关系的本质是反一体化的。这首先当然要归结于政治权威的碎片化，也就是我们平常说的"封建割据";其次，而且更重要的是，封建的产权（地产权）关系是极其个人主义的，领主和陪臣之间的纽带自始至终只是由一纸契约维系着，其中任何一方死亡或严重违约，

---

[1] C. Warren Hollister, "The Norman Conquest and the Genesis of English Feudalism", in *The American Historical Review*, Vol.66, No.3 (Apr., 1961), pp.641-663.

契约便立即中止，产权关系也就不复存在。

公元 6—7 世纪典型的封建地产权是一种我们今天称之为"实际使用权"（real right）的关系，在法律上它是一种"对他人财产的支配权"（ius in realiena），源自罗马帝国时期大领主把小块土地租赁给其他自由人，甚至有奴隶身份的人，而不是自己使用奴隶耕种的一种契约关系。罗马帝国崩溃以后，日耳曼人继承了这种罗马法传统，把占领的土地以极少的租金或者根本不要租金分配给扈从，以换取他们的忠诚，但其土地使用权在法律上只是终身制。

那么，同是封建社会，英国与其他欧洲国家分道扬镳的动因是什么？这个动因就是在解决封建制根本矛盾——对固化产权的需求与产权契约的个人性质造成产权关系的无法固化——时所采取的不同方法。

在欧洲大陆，由于政治权威的碎片化，处在社会顶层的领主阶级维护自身利益的最好办法是加强人身依附，通过把人固定在土地上来固化产权关系。这就是说，一个人生下来就属于某一等级，他的身份无法改变，这样，尽管单个的契约会在承约人死亡时中止，续约人却只能在同一等级中产生，这通常就是前承约人的子嗣或亲属。同时，为了维护自己的长远利益，领主宁可牺牲由增加产能而导致的眼前利益的增加，由此来固定当下的社会的产权关系。

我们可以设想一下一个中等领主所面临的状况。他的陪臣和佃户按照契约向他提供收益（这通常是实物），当其中的一个陪臣 / 佃户由于获得了改良的耕作技术，或在市场上获得了更为便宜的种子和肥料而能生产比别人更多的物品，因此愿意耕作比别人更多的土地（我们现在会把它叫作承包），并向领主提供更多的利益，同时给失去土地的邻人以补偿。这位领主会怎么办？他会拒绝。因为：（一）这个陪臣／佃户会拥有一个新的身份，这跟等级制格格不入；（二）他会不知道怎么处理释放出来的多余劳动力；（三）他无法控制市场关系，因为他只是一个地方贵族，当违约情况发生在他的政治权威范围之外（增加的收益往往要通过有限的市场交易实现）时，他的损失将无法得到补偿。（在这种情况下如果他寻求上级领主的支持，则会加强他对上级领主的人身依附关系。）所以，他的选择会是宁可放弃增加眼前利益而避免由于不确定性带来的长远利益的损失。同样道理，当他的领地上或领地周围由于扩大分工等原因而出现市场萌芽或原有市场的扩大趋势时，这位领主的反应会是扼杀或至少是阻止这种趋势，尽管市场的发育可能给他带来眼前收益的增加。

所以，封建主义在欧洲大陆造成了等级制（Caste）。

再看英国。英国正好相反，在封建制的根本矛盾面前，它干脆放弃了固化产权的努力，转而让契约关系中的个人化本质发扬光大，走上了强化个人权利，而不是强化家族和等级特权的道路。其结果是封建关系很快消解，贵族制没有像欧洲大陆那样发展成等级制，而是形成了一种寡头制（Aristocracy）。[1] 这是一种金字塔形的制度，在政治上，全国上下有统一的官僚体系，不存在地方

---

[1] Alexis de Tocqueville, *L'ancien régime*, Oxford, 1956, pp.88–90.

割据；在社会等级上，由于长子继承制，贵族的次子以下都不是贵族但却有相同的社会地位，这造成了贵族与平民之间界限模糊，社会的上下流动相对容易；在经济领域里，通过产业来增加财富得到鼓励。在 14 世纪，伯爵年收入在 1,000 英镑以下，从男爵在 250 英镑以下便难以维持；同时，年收入在 2,000 英镑以上而不拥有伯爵头衔会让人觉得很奇怪，因为富人通常会通过联姻取得头衔，或向王室支付年金，等待有合适土地时再接受分封。[1] 社会分工得到发展以至于形成了我们现在称为"白领"的职业阶层，甚至许多贵族自身会参与贸易和生产管理。对于英国贵族来说，通过产业增长来追逐财富远比死守特权来得重要，特别是当等级特权妨碍了市场发展的时候。

于是我们可以说，英国走上了一条跟欧洲大陆完全不同的路。

下一个问题是：为什么英国偏偏会与众不同？原因如下：

首先，英国的封建社会根底浅。前面已经说过，封建制度是 1066 年诺曼人入侵时带来的。当公元 7 世纪欧洲大陆走上封建化并在 10 世纪让这种制度达到鼎盛时，英国还不知封建为何物。首领对陪臣的土地分发是一种给予，并不要求扈从的服役作为回报，这就是说作为封建土地制度基础的采邑制度并不存在。诺曼入侵以后在英国实行了法国式的分封－采邑制度，这种用以分封的土地当然来自剥夺英国贵族的地产。但诺曼人并没有试图在肉体上消

---

[1] Chris Given-Wilson, *The English Nobility in the Late Middle Ages: The Fourteeth-Century Political Community*, Routledge, 1996, pp.37,66.

灭土著贵族，而是把夺自他们的土地部分地封还给他们，以换取他们的合作。同时，诺曼贵族人数少（威廉麾下的骑士不过2,000人，其中约三四百人战死），他们的主要产业都在法国，在英国得到的土地不过是一种附加值，只要多少得利就行。在这两种情况下，封建关系的松弛是很自然的。

在诺曼征服以后的三年中英国贵族不断反叛，最后几乎全被镇压。他们的土地也大部分转到了诺曼人手里。到了1070年，连最卑微的诺曼骑士也成了领主。威廉本人直接拥有全国1/5的土地；教会由于支持诺曼入侵而得以保留地产，这些地产大约也占1/5；剩下的土地都分封给了100个大领主，其中最大的11个贵族领有全国的1/4土地。在这100个大领主中，只有两个是土著的英国贵族，想来他们一定是在反叛战争中站在了诺曼人一边。

不过诺曼人引进到英国的封建制度并不是欧陆制度的原样照搬，因为诺曼人实际上把英国全国当成了一整块封建领地，把国王变成了全国唯一拥有土地所有权的地主，而诺曼骑士和英国原来的贵族则都成了陪臣。这造成了英国的特殊现象：一种中央集权下的封建制，而不是欧洲大陆那种地方贵族各自为政的封建制；换句话说，这是一种完美的、金字塔式的封建制，而不是碎片化的封建制。

英国的采邑制也不同于欧洲大陆。这主要是因为采邑上的农民有两种不同的身份：自由农和维兰（Villein）。他们的人数大致是一半对一半。自由农以完全自由人的身份与领主发生契约（租佃）关系，他不必在领主直耕地上进行无偿劳动。在理论上他可以自由离开采邑，但实际上他极少有可能在别处获得土地，因此留在现有的土地上几乎是唯一的选择。维兰是半自由人，他无权离开，他必须在领主直耕地上无偿提供劳役。这大概每周占2—3天，全年如此。理论上领主可以随时剥夺维兰的土地，但由于领主要依靠维兰的劳动才能生存，所以这种剥夺几乎不会发生。

农民按经济状况又分成自耕农和半自耕农，自耕农有足够的土地来养活全家，而半自耕农则意味着他所租佃的土地不够养活全家，因此要靠向领主或邻人提供额外的劳动来赚取剩余部分。自耕农和半自耕农的数量大约也是各占一半。从社会身份来说，较为贫穷的半自耕农可以是自由人，维兰也可以是较为富裕的自耕农。有时候自由人会面临选择：要么放弃土地，要么为占有更多的土地而放弃自由人身份。在大多数情况下，人们都会选择土地而放弃自由。此外，采邑里的木匠、铁匠、马掌匠、磨坊主（他向领主租用磨坊，以向村民收取使用费为生）等工匠大多是自由人，而采邑的代理牧师却常常是维兰身份。教区牧师经常住在城里或大学里，在这种情况下他会雇用一个领取薪俸的人替他照管教堂，主持日常宗教活动，颇有点像中国20世纪后半叶的农村代课老师。这种代理牧师后来成为正式教职。

采邑法庭由领主主持，这是他的封建特权。由于多数领主都有多个采邑，所以一般情况下都由他的管家代为主持。除非涉及产权，领主和他的代理人对案件并没有法官裁判权，罪与非罪，决定权在由村民组成的审议会手里。这种审议会的成员不分自由人或维兰，只要是佃农就要轮流参加。这种场合常常会持续多日，影响劳作，因此人人视为畏途，是一种附着在土地使用权上的义务。这就是陪审制的前身。事情如涉及产权（土地权），就由领主裁决，这有点像黄鼠狼和鸡的争执由黄鼠狼来裁判。

更有甚者，在12世纪下半叶，当欧洲大陆封建制度方盛未衰之时，英国的封建制度便已经早早地开始退场了。我们可以看到贵族们纷纷雇佣本国和外国骑士替他们服兵役，或者干脆把钱交给国王或上级领主，让他们自己去找雇佣军，而这种现象要到两个世纪以后才在欧洲大陆形成风气。同时，跟中国的中古时期类似，"普天之下莫非王土"的局面，反而使王权对土地使用权及其转手的控制变得困难，于是便促进了实际上的土地买卖，而土地的市场化在欧洲大陆要等到15世纪或更加往后。

所谓的封建金字塔是指这样一种情况：在国王以下有大约100个左右的大贵族，包括修道院长、主教、亲王、公爵、伯爵、侯爵；接下来是上千个中等贵族，如男爵和从男爵；再接下去是几千个骑士。骑士领的大部分土地的产出要维持在此土地上耕作的农民的生存，剩下的便只够维持骑士一家的生存和战时的武器装备。骑士不但要在战时跟随领主打仗，平时也担负守卫城堡的责任。他的作战义务根据欧洲惯例每年最高40天，超出这个期限领主便要支付报酬。守城堡的义务有时会达到3个月，领主只提供食宿。还有一类骑士是住家骑士，他们没有封地，只由主人供养，在大贵族家里有时这类骑士或随从会多达 200 人。[1]

我们假定一位伯爵从国王手里获得了 20 个庄园，他把这 20 个庄园分封给 4 个从男爵，这些从男爵又再依次把这些庄园分封给他们手下的 20 个骑士。这些骑士每个人获得一个庄园，在每个庄园上有 100 个农户为他们耕种。

伯爵告诉每一个从男爵使用这些土地的条件是：我需要打仗时，你必须准备好武器跟我一起出征；当我被敌方俘虏需要交纳罚金才能回家时，你要跟大家一起凑钱救我；此外，我的长子被国王封为骑士而需要交册封费（骑士费）时，你要出钱；我的长女出嫁时，你也要出钱凑嫁妆。你死以后你的土地我照规矩收回；你如果有儿子的话，你的长子可以在交给我一笔继承费以后继续使用这些土地和你的封号；但是你如果只有女儿的话，那就要看情况。假如你死时你的儿子不到 21 岁，那我就成为他的监护人（关于监护权下面还要具体讨论），这土地上的收益我就要分一部分（有时是一大部分），因为他在我需要的时候还不能为我打仗或出其他的力；等到他长到 21 岁，那么交了钱以后他就可以继续使用土地；假如我同意让你的女儿继续使用土地而她又不满 16 岁，那我就监护她并替她找个丈夫出嫁，或直到她成人（16 岁）。不过你要明白，我让你的子嗣在你死后继续使用这些土地只不过是按照习惯，其实按照法律我完全可以不让他们这么做。请不要跟我

---

[1] G. E. Mingay, *The Gentry, The Rise and Fall of a Ruling Class*, Longman, 1976, pp.19–20.

争论，因为国王在封给我土地的时候说了一模一样的话。这是他的规矩。

从男爵在把土地封给骑士时会说同样的一番话。骑士跟自由农说的话大不一样，因为他们之间是租佃关系，自由农只需要交租金。骑士跟半自由农说的话也不一样：我让你使用土地，但你每周要在我自用的土地上劳作 3 天以供养我和我的家人；我可以在任何时候收回土地而不需要理由；你和你的家人除非得到我的许可不得随意离开我的庄园；如果我要求你在战场上做随从照料我的起居、在我战死后运载我的尸首回家，你不得拒绝。

这个制度听上去完美无缺，但如果事情不按照常规发展，或者说不管怎么按照常规，事情总会节外生枝，那么这些按部就班的规矩就统统没用了。譬如说，伯爵去世而没有子嗣，国王当然要收回土地重新分封，但是从男爵们怎么办？他们跟国王之间并没契约，难道国王可以不管他们的死活，或者他们可以不理国王的要求？

再者，假如一位骑士的两位领主同时命令他服军役，或者更糟，这两位领主本身就是战斗的双方，他应该向谁表示他的忠诚？

或者，一位骑士要出征，由于担心自己会阵亡，他就把土地放在他的朋友或邻居名下，并定下条件，在他离家期间，土地上的产出小部分供朋友或邻居享用，大部用来赡养他自己的家人，直到他的继承人长大成人，那时这块土地就自动回到继承人名下。在这种情况下，由于受委托人在名义上是土地所有者（尽管他只是托管），领主就失去了监护人的权利以及由此带来的利益。但领主必须容忍这样的安排，否则就没有人替他打仗。问题是，一旦这种情形成为惯例，陪臣就可以做出虚假的委托安排，不管他是否出征，这样领主就永远无从获得监护权。

这些由于封建义务而产生的难题怎么解决呢？一个自然趋势就是用金钱代替服役，也就是说陪臣并不亲自上阵或按规定派扈从作战，而是向领主缴纳一定的费用，让他自己去招募雇佣军。这样就省去了许许多多技术上的麻烦，而又保证了封建义务的落实。[1]但问题是，义务是与土地联系在一起的，义务可以出售，就意味着土地也可以出售，久而久之，土地市场就形成了。换句话说，土地就成了商品。当土地可以自由买卖时，封建制度又怎么生存呢？

封建关系是一种法律关系，而不是生产关系，它所界定的是社会占主导地位的一部分人口的产权和身份关系；在封建制的框架下可以有市场、有租佃，甚至有国际贸易体系。当然这种法律关系是十分脆弱的。从根本上说，领主和陪臣之间的关系是摆脱了血缘关系的个人与个人之间的契约关系，一旦缔约双方的任何一方死亡，关系就立即终止。这就是说，一旦封建财产（土地）可以继承，本原意义上的封建制就立刻陷入悖论，为维持这种契约关系的任何规则都只不过是为了修补封建关系所做的法理努力。

---

[1] J.M.W. Bean, *The Decline of English Feudalism*, Manchester University Press, 1968, p.5.

从这个意义上说，封建制度从它存在的那天起就是岌岌可危的。

到了 11 世纪，土地的继承权在欧洲各地都已成为常规，这带来了封建制的另外两个基本矛盾——分封权的矛盾和监护权的矛盾。对于陪臣来说，把得到的土地向下再分封，不但会立即得到实利——因为他的下级陪臣此时要向他缴纳一定费用——而且通过下级陪臣向他效忠，他会提高自己在邻人眼中的地位；但对于领主来说，这种再分封会损害他的利益，因为尽管在理论上封建义务的性质和形态不会随再分封而改变，只不过转嫁给下级陪臣而已，但事实上间接的分封会使义务的兑现更为困难而且更难监管。所以陪臣坚持分封权而领主要限制或取消分封权。

我们来看一下当时有关再分封的几个例子：

圣日耳曼的罗杰在亨廷顿郡的潘克顿的土地受封于贝得福的罗伯特，罗伯特受封于伊尔切斯特的理查，理查受封于查尔特的艾伦，艾伦受封于威廉·勒·波特勒，威廉受封于吉尔伯特·内维尔，吉尔伯特受封于德沃尔古尹尔·巴利奥尔，德沃尔古尹尔受封于苏格兰王，苏格兰王受封于英格兰王。[1]

在伍斯特郡一个叫瑞玛尔雷的村庄，有一块值半个骑士领的土地[2]由瑞玛尔雷的亚当受封于约翰，杰奥弗瑞之子，约翰受封于波强普的威廉，波强普的威廉受封于

---

[1] F. Pollock and F. W. Maitland, *The History of English Law Before the Time of Edward 1*, 2nd ed., Cambridge University Press,1898,Vol. Ⅰ, p.233.

[2] 即该土地的受封者须向领主提供相当于半个骑士的军事义务。

德·拉·迈尔的威廉，德·拉·迈尔的威廉受封于格罗
斯特伯爵，伯爵受封于王上。[1]

从理论上说，任何一块土地上的封建义务都是明确的，但实
际上确定起来却要困难得多。譬如说你领有一块值 1/20 或 1/40 骑
士领的土地，你和你的邻人怎么分摊封建义务？事实上，13 世纪
的很多受封人根本不知道自己的义务怎么计算。如 1274 年林肯郡
的福金厄姆男爵去世后他遗留地产上的封建义务由于继承和再分
封关系变得如此复杂，以至于要专门组织一个陪审团来裁定。陪
审团综合各方面信息后决定那是一个跟随国王出征 3 周的量。[2]

我们再来看一下一个人同时持有的土地类型可以复杂到什么
样子：

阿贵隆的罗伯特爵士在 1286 年过世时……在汉普郡
的格雷特厄姆持有从国王处租佃值租金 18 先令的土地；
他在肯特的沪（Hoo）持有从雷丁修道院长处以现金租
佃的土地；他在白金汉郡持有受封于威廉·德·富的土
地，为此他须服某种义务，但陪审团不清楚究竟是何种
义务；他在诺福克持有一个庄园，该庄园受封于诺里奇
主教，为此他须付值 1/6 骑士领的义务外加守护城堡的义
务；他在苏塞克斯持有一个庄园，该庄园受封于沃伍伯

---

[1] A. L. Poole, *Obligations of Society in the XII and XIII Centuries*, Oxford, 1946, p.5.

[2] I. J. Sanders, *Feudal Military Service in England: A Study of the Constitutional and Military Powers of the Barons in Medieval England*, Oxford, 1956, p.72.

爵，为此他须服一个骑士的义务；他在赫福得郡持有一个庄园，该庄园直接受封于国王，为此他有义务为国王提供一名步兵，为期 40 天；他在伦敦持有直接受封于国王的土地，为此他须服非军役的义务，并可将此作为动产遗赠。[1]

这位罗伯特爵士的身份是国王的直接陪臣，还是伯爵手下的骑士，还是佃农呢？

监护权也是同样复杂。中世纪人寿命短，加上贵族作为武士比一般人的寿命更短，因此在大多数情况下他们死去时子嗣都尚未成年，这时监护权就落到了他们的上级领主手里。在中世纪后期，监护权所带来的收益（陪臣子嗣未成年时土地权益由领主分享）已经成为领主的主要收入来源之一。所以，陪臣要极力摆脱监护权而领主要坚持监护权。

但是，封建制是这样一种有趣的制度——每一项权利都是一把双刃剑。因为每一个贵族，除了顶端的国王和最下层的骑士，都既是领主又是陪臣，这意味着他每从上级那里赢得一项权利，同时也就输给下级一项权利。最典型的例子是《大宪章》1217 年的修订本，其中列举了某些限制王权的规定，同时也适用于高级贵族和下级陪臣之间的关系。[2] 所以，封建制度的衰落或加强，本质上不是外部力量（如资产阶级）对它打击的力度，而是由于彼

---

[1] *The History of English Law Before the Time of Edward I*, Vol. I, p.296.

[2] *The Decline of English Feudalism*, pp.12–13.

时彼地封建等级内部利益取向的消长。

英国是一个偏安一隅、自成一体的小国，然而正是这一点让它成了封建制度中的一匹黑马。在欧洲大陆，由于分封关系的错综复杂，一个贵族在陪臣那里失去的未必能从上级领主那里得到找补，因为他的领主可能身在另一个国家，或者那里实行的是另一套法律制度和习俗。所以对他来说，保持利益最大化的选择最好是坚持已有的封建权利，而不是冒改变的风险。这就是欧洲大陆封建制长期延续的基本动因。而英国的特殊性不仅在于缺乏封建传统，而且在于诺曼征服带来的封建体系在英国变得相对简单，因为国王是绝对的最高领主，也是唯一的真正土地所有者，再加上全国统一的普通法体系，使得分封者变成了"转租者"，他完全可以"堤外损失堤内补"，从领主那里失掉的，可以得之于自己的陪臣；或者反过来，从陪臣那里失掉的，可以得之于自己的领主，因此没有必要死守封建权利。更有甚者，在多数时候封建关系的松懈（如以金钱或实物赎买封建义务，出租土地收取租金等）还可以获得直接的好处。照这么说来，最终吃亏的应该是在金字塔顶端的国王。但事实不尽如此。国王与他的直接陪臣（一百个大贵族）之间有一层"特殊监护权"关系，它规定：不管这些大领主与他们的陪臣之间有什么样的安排，国王与他们的监护权关系不变。这当然不可能完全做到，贵族还是会千方百计逃避义务[1]，

---

[1] 为了保护自己的利益，国王在 13 世纪建立了"王产监管署"以调查大贵族隐瞒财产、逃避义务的行为，这是英国最早的国家级管理机构。

但特殊监护权毕竟多少保护了国王的利益。更重要的是，国王作为普通法的最高仲裁者，可以通过削弱封建关系得到好处，因为臣民可以越过领主的封建法庭直接向王室法庭要求司法仲裁，而这项服务是要收费的。所以我们看到，在英国，放弃封建制度恰恰是符合封建阶级的利益的，这就是封建制在英国实际上只从 11 世纪末到 13 世纪初存在了一个多世纪的原因。当然，英国封建制度消亡过程是长期的（封地制度要到 1660 年才在法律上废除），但却不是痛苦的。

第三章　绝对产权

当 13 世纪拉开帷幕的时候，英国是孤悬在欧洲文明边缘的一个岛国，人口只有 200 万，大约是法国的 1/6 甚至 1/7，经济不发达，远离文明的中心，皈依基督教比大多数欧洲国家晚了好几个世纪，人文学术的发展甚至及不上爱尔兰。但在未来的许多世纪当中，英国却注定要扮演一个欧洲文明楷模的角色。就是在 13 世纪，英国完成了向现代社会的转型。在这一百年当中，英国的基本政治－法律制度逐渐固定下来，以后的变化都不是根本性的，甚至社会结构也从来没有发生过革命性的转换，所有的演化都是技术性的、渐进的。[1]我们完全可以说，至少从 13 世纪开始，英国就走上了一条跟欧洲大陆不同的道路，而且它越走越远，并最终迫使整个欧洲甚至整个世界跟上它的脚步。

使英国独树一帜的根本原因之一是英国人对地产权的态度。在欧洲大陆，没有人对土地拥有绝对的产权。教产是以整个教会

---

[1] William Stubbs, *The Constitutional History of England in Its Origin and Development*, Oxford, 1874, Vol. I, pp.544-545.

的名义拥有的，11 世纪教宗格里高利七世的教会改革以后，教士被严格禁止结婚和拥有后嗣，因此连技术上的个人产权都不存在了。世俗贵族的土地来自上级领主，只有终身使用权。国王以家族名义拥有土地，因此他尽管名义上是所有者，但却不是个人所有者。而且他通常又是别的领主的陪臣，这更增加了产权的相对性。农民当然更不用说，他从领主那里得到的只是使用权，他从来不是土地的主人。产权的相对性使得对土地使用权的一而再、再而三的确认成为必要，成为维护社会结构稳定的一种巨大的成本负担，同时也阻止了土地使用者对土地的长期投资。为了加强对产权的控制，领主（名义所有者）要强调产权的阶段性（终身使用权），陪臣、农户（实际使用者）要强调产权的延续性（继承权），结果造成沉重的继承成本。这种成本不像现代的遗产税那样，进入国家财政而支持社会福利，而是留在了封建主手中成为他们的特权收入，从而成为社会等级冲突的根源。由于等级制的固化，这种由地产权的相对性引发的社会矛盾不但阻止了农业经济的发展，而且造成了中世纪后期和近代早期社会一系列的暴烈冲突。

而英国从一开始就不一样。首先，英国的封建主义是 1066 年引进的，在此之前扈从对首领没有封建义务，所以地产权相比之下更为完整。其次，11 世纪下半叶到 13 世纪上半叶的 100 多年的封建统治并没有从根本上摧毁原有的村社制度，村社土地制度到处都跟采邑制度并存，这意味着土著贵族和农民的传统土地权益往往跟诺曼领主的封建权益并存且冲突，由此产生的各种各样的解决办法倾向于强化土地实际使用者的地位而削弱名义所有者的地位（见前一章关于英国封建制的叙述）。最后，一个统一的中央集权的国家使王权有动机去削弱封建主对土地的控制，因为土地实际使用者对地产权越有信心，他就越愿意进行长期投资，国家就越能从土地权益中获得税收。英国正是欧洲国家中首先越过封建主直接向农民征税的。这在一方面挖了封建制的墙脚；另一方面则促进了个人绝对产权的形成。而在缺乏中央集权的欧洲大陆各国，国家无法有效征税（因此没有"国民财富"的概念），君主的收入只能来自自己作为封建主所直接控制的那部分领地，所以他有更强烈的动机去维护产权的相对性，避免土地在个人之间的自由流动。这一点很好地解释了为什么英国，而且单单在英国出现了绝对产权概念。所谓绝对产权，它的原始含义是个人对土地有一种相对其他任何个人的排他的处置权。这意味着：（一）处于低等级的个人不因其身份的卑微而必须向高等级的个人让渡产权；（二）作为个人的家庭成员不必向作为整体的家庭或家族让渡产权。

在 13—14 世纪，土地的自由买卖在英国已成常态。大量的土地转手是在还活着的"在世者"之间进行，而不是"死亡后继承"的结果。而领主对这种现象并不阻止，因为土地的每一次转让都要向领主交"入地费"。有时这种手续费占了领主收入的大部分。1290 年的《兹因承购人法》规定："自颁布之日起，每一自由民任意出售其土地及房屋，或其中之一部分，均为合法行为……"只是不得出售给教会或其他永久性机构。在这一点上英国普通法跟欧洲大陆任何国家的法律都完全不同。[1] 据估计，在 13 世纪超过半数的英国成年男子拥有地产。[2]

英国产权法第二个特殊的地方是它强调产权不是家庭的共同财产而是个人财产，也就是说子女对父亲的土地或其他不动产不具有不可剥夺的权利。一个男人生前可以把他的全部动产和不动产卖掉或赠送掉。在这里遵行的原则是"任何人都不是任何健在者财产的当然继承人"。只要父亲愿意，他就可以剥夺任何一个儿子的继承权，长子继承权只意味着如果父亲生前未曾通过遗嘱或转让而使财产归属发生变化，那么长子便可继承遗产，它并不意味着长子拥有自动继承权。[3] 相反，次子继承、女儿继承或子嗣均未能继承的现象非常普遍。17 世纪的一份遗嘱称：长子罗兰"向忤逆，不遵吾嘱，不从吾命；既无能效忠陛下，并不堪勤力领主，以此之故"，全部财产被授予一名次子，次子仅需交给兄长 6 英镑 13 先令 4 便士而已。[4]

第三个特殊的地方是长子继承制的广泛推行。在欧洲的其他地方，如法国、德国和俄国，继承法的常例是所有男性子嗣都有对父亲财产的当然继承权。这除了意味着财产的家庭/家族属性而非个人属性以外，还意味着地产规模会越来越小，这不但阻止了农业的规模经营，也把农民世世代代固定在土地上。而在英国

---

[1] 艾伦·麦克法兰:《英国个人主义的起源》，商务印书馆，2008 年，第 111 页。

[2] 同上书，第 123 页。

[3] 同上书，第 93 页。

[4] 同上书，第 125 页。

则恰恰相反，长子继承的习俗使得地产一直保持着相当平均的规模，同时驱使次子们早早地离开家庭在农业以外谋取生计，为所谓"农民社会"的早早解体提供了条件。对英国习惯法的研究表明，绝对产权和长子继承制已经在英国牢牢扎根，它们的结合是英国封建产权关系消亡的前提之一。[1]

第四个特点是女子可以继承财产，并与男子一样成为排他性的产权拥有者。譬如丈夫去世以后，妻子拥有其生前1/3的财产权，并终身保有。父亲去世以后，如无男性子嗣，长女得继承遗产，权益与男子无异。遗产也可在众女儿中分配等等。这种对女性财产权益的保障加强了个人产权的绝对性，使得许多寡妇不必再嫁而能成为独立的经济人，这一点在英国现代社会两性平等的构建中至关重要。

绝对产权的前提当然是拥有产权者的人身自由。很难想象一个人身完全不自由的人能够自由地处置财产。前面我们已经说到，13世纪时英国农民大约有一半是自由人，另外一半是维兰（半自由人）。维兰并不是农奴，他们有时甚至是相当殷实的自耕农，只不过他要在领主的土地上无偿耕作一定时间。照规矩他们不经允许不能离开领主的庄园，但实际上他们往往自由地来往于村庄之间，在当地市场上的活动也不受限制。事实上领主几乎从不随意剥夺他们的土地权益，维兰本身也鲜有逃亡的现象，因为领主需要维兰耕种自己的直耕地，这种劳动力很难替换，同时维兰如果

---

[1]《英国个人主义的起源》，第118页。

逃亡到别的地方也基本不可能获得土地。到 15 世纪，维兰的身份已经消失，从那时起可以说英格兰的全体居民已经是自由人了。16 世纪以后出现了一种叫公簿持有者（Copyholder）的农民，但他们与自由持有者（Freeholder）的差别并不是身份的差别，而仅仅是地产权的差别。他们的地契（Copy）上规定了他们只能使用某些公共用地（牧场、森林、河流与池塘等）而不能使用其他土地，而自由农则可以凭惯例无限使用；同时，自由持有者对地下的矿藏拥有权益，公簿持有者则没有。

随着对人身自由的限制的消失，大约从 14 和 15 世纪开始逐渐形成了一个叫"约曼"（Yeomanry）的阶层，也就是自耕农，他们处于底层的体力劳动者和上层的乡绅（Gentry）之间。一本写于16 世纪晚期的史书这样描述：

（他们）未敢自认士绅，然景仰一切士绅或世人目为士绅者，然而他们亦颇卓尔，较之劳工技工者流更获世人敬仰；他们多能优裕度日，居住有良宅，且一心向业，勤勉劳作，以获取财富。此等人（广而言之）乃士绅属下之农人，然而全不似士绅一般慵懒度日。他们放牧半年，频繁出入市场，蓄养佣工，既能敷己之生计，亦能供主人部分所需。他们凭借惨淡经营，遂而致富，以其经济力，乃可从那班不节俭之士绅处承购土地，确亦时时购之；他们养子有方，令其子求学于大学，或进入王国之法律界，如若不然，便遗留足够土地，令其子无需劳作而能为生，总而言之，终令其子跻身于士绅阶层。[1]

　　莎士比亚的家庭就是自耕农的典型。他的父亲 1530 年左右生于一个殷实的小农家庭，靠做皮革匠和皮革生意渐渐发达，最后有足够的财力被选为斯特拉福德市的市长，并被尊称为"师爷"（Master）。莎士比亚本人于 1616 年去世，身后留下的财产大约相当于今天的 100 万英镑（约 1,000 万人民币），因此他可以被称为"绅士"（Gentleman），在社会地位上高于其父。这个例子说明在英国一个家庭往往可以在一两代人中跻身中上层，甚至获封贵族；而在法国就不行，因为法国的贵族不交税或交得极少，如果允许阶层的上下流动如此容易，国家的财政就会垮台。这种僵硬的阶级结构最终导致了法国大革命的那场大灾难。

　　自耕农还在中世纪后期（14 — 15 世纪）的战场上扮演了重要角色。在整个中世纪，欧洲大陆军队的主力是由贵族组成的重装骑兵，他们的主要武器是用于冲击对方阵地的长矛和用于马上格斗的重剑。他们的甲胄往往重达上百磅，以至于一旦落马便无法自由行动。一名骑士全套装备的价值相当于一个小型农庄的全年收益，这就像今天的战场上每个战士开着自己出钱购买的坦克上阵。唯独英国的情况不同。英国自 14 世纪始，军队的主力就是由自耕农组成的步兵，他们的服役按天数给予工资报酬，他们的主要武器是弓箭。在英法百年战争的两次著名战役克雷西之战

---

[1]《英国个人主义的起源》，第 230—231 页。

（1346）和阿金库尔之战（1415）中，英军都在与兵力数倍于己的法军作战中胜出，而且双方的伤亡两次都近乎1∶10。从技术上说这是轻装弓箭手对重甲骑士的胜利，而史家则把它称颂为英国自由农对法国封建骑士的胜利，从社会史的意义上说，这不无道理。

托克维尔把英国贵族制称为寡头制，指的是相对欧陆而言，英国的社会上流是一个模糊的社会阶层，而非僵硬的等级。在12—13世纪大约有150—250个大贵族，他们的年收入最高可达10,000英镑（相当于今天的1,600万美元），在他们之下是大约2,500—3,000个中小贵族，他们的年收入在250—10,000英镑之间。从1086—1327年这250年间，210个大贵族中只有不到40个还由原来的男性子嗣继承爵位。[1]造成宗嗣断绝的原因有的是缺乏男性子嗣，但很大一部分是由于入不敷出而将土地分块出售，这种情况使我们看到英国贵族阶层边界的弹性。

活跃的土地市场

英国是全欧洲中世纪人口－社会－经济史料保存得最完整的国家，其原因是从12世纪开始庄园法庭的审判记录被保存下来，这些记录提供了关于产权（主要是地产权）关系的详细描述。14世纪以后乡村教区档案按国家规定也基本完整地保存了下来，尽

---

[1] *The English Nobility in the Late Middle Ages: The Fourteenth-Century Political Community*, pp.14,66,37,12.

管有些地区直到 15 世纪才执行王室的命令，因为习惯于高度自治的地方当局怀疑王室指令的动机是要利用这些档案来确保税收。这些教区档案通过出生、洗礼、婚姻、殡葬记录等，提供了人口、信仰、寿命、教育水平等方面的宝贵资料。欧洲其他地方也有类似的档案记录，但由于国家中央权威的缺乏和战争频仍等原因，这些记录与英国相比是零星的、断续的。

在过去半个世纪当中对卷帙浩繁的地方档案的研究，使得我们今天对中世纪英国社会有了相当清晰的了解，其中一个重要方面是土地买卖的盛行。

由于个人地产权的确立，至晚到 12 世纪下半叶英格兰已经形成了活跃的土地市场，大量土地频繁转手，例如在萨福克郡的一个小地区里舍希尔，1259—1293 年短短 35 年间土地交易案例达到 519 件，涉及全部土地的 1/3。在萨福克郡的仅一个庄园里，1275—1405 年 130 年间发生了记录在案的土地交易 1,500 件，加上未计入档案的交易这个数字有可能高达 2,250 件，涉及土地量 1,150 英亩。考虑到庄园的规模一般是几百英亩，这些土地实际上已被多次转手。从理论上说，土地转手须经领主同意，但大量的交易契约表明领主实际上并没有权力阻止交易的发生，因为在绝大多数情况下领主的首肯甚至没有被记录在案，说明这种首肯形同虚设。而且领主对这类交易并不反对，因为土地每次易手，购入方都要向领主交一笔"入地费"，这是不菲的收入，14 世纪以后这甚至逐渐成为领主收入的大半。[1]

　　另一个重要现象是这一时期大多数的土地交易都是在无血缘关系的买卖双方之间发生的，在家庭和亲戚之间的土地转让只占1/3 或更少。这表明了一个经常的、名副其实的土地市场的存在。

　　我们在这里记录下英格兰一个典型的名叫约翰·西德里奇的富裕农民一生的土地交易：

　　　　他从父亲手中继承了一二雅兰[2]持有地，通过十四件土地交易，他购买和租赁了至少又一雅兰土地。他终身租赁半雅兰或略多于此的持有地，又以一年期租赁了一块更小的。他还租赁了三块草地，用来放牧他的牲畜。1314 年他从领主那里取得一块荒地，用来扩大他的谷仓；1320 年他从邻居手中买下一块土地，用来延伸他的庭院。在 1320 年和 1321 年，他与四位村民进行了土地交易，旨在将他的全部零散土地联结为一个整体。他手下有数名分租人和至少两名入住佣工，农忙时节他会雇用几名临时工。他和妻子阿格尼丝因为违法销售麦芽酒被罚款四十三次。……他为了追索各类债务起诉过七位村民。……他因为攻击他人造成流血事件被罚款八次。1294—1337 年间，约翰·西德里奇至少出庭一百九十六次，其间缴纳入地费和罚款共计二英镑又十先令三便士。[3]

---

[1]《英国个人主义的起源》，第 165—170 页。

[2] 雅兰（Yardland），英国古时面积单位，约 30 英亩，121405 平方米。

[3]《英国个人主义的起源》，第 170—171 页。

这样一种景象和 17、18 世纪的"近代社会"几乎毫无二致。

土地交易不但发生在自由人之间，也大量地发生在维兰之间，或者维兰和自由人之间。这使我们很难简单把维兰归入"农奴"。实际上至今还没有发现英国中世纪有过东欧和俄国那样的农奴。13 世纪早期林肯郡法庭在一起土地纠纷中对已过世的名叫盖依的土地所有者的身份是这样认定的：

> 陪审团认为上述盖依生前就人身来说确系自由人，并且在过世时确实拥有该项地产，但他像同村的其他维兰一样，是以维兰的身份拥有该项地产并按照习惯承担维兰的一切义务的。[1]

这就是说维兰只是在向领主提供劳役换取土地时才是不自由或半自由的，在其他情况下他完全可以是自由人。这解释了为什么大量有维兰身份的人也可以拥有绝对产权从而参与土地的自由买卖。

职业阶层的产生

个人产权的明晰和长子继承制——长子继承制在欧洲大陆也

---

[1] J.J. Bagley, *Historical Interpretation: Sources of English History, 1540 to the Present Day*, London, 1965, p.90.

存在，但在贵族社会并没成为通则，在中下层阶级更为少见——使得次子以下的男性子嗣大量地离开土地和父母的家庭去寻找生存之道，这让英国成为欧洲最早职业化的社会。

贵族子弟最明显的职业选择是律师、医生和军官。16世纪，法学院出身的律师大约有一半出身于贵族和骑士，或相当于骑士地位的家庭；同一时期或较晚，经过正规医学训练的有执照的医生约有1/5出自同一阶层。军界的情况也类似。英国贵族最晚从14世纪起就已经不是一个武士阶层了，他们更愿意向王室缴纳现金来代替服军役。另一方面，由于有英吉利海峡的阻隔，外敌很难入侵，所以没有必要花钱养一支常备军。正是出于这个原因，英国迟至16世纪才开始建立职业化的海军和陆军。在此之前，大部分以打仗为生存之道的贵胄在欧洲大陆的外国军队里服役，直到近代早期英国建立起自己的军官团，这些经过海外战争历练的贵族军人便很自然地成为军官团的核心。[1] 从17世纪开始，陆军军官的职位是花钱买的，这使得贫困家庭的子弟根本与军职无缘。海军的情况稍有不同，因为海军的晋升主要靠军资，因此上流社会家庭往往通过关系将自己的子弟早早列入军籍。最极端的例子是一名贵族的儿子4岁就成为海军士官生，17岁就当上主力舰舰长。当然，一遇战争，这些未成年的孩子也会大量地在战斗中牺牲。

教士是另一个较早发展起来的职业，所不同的是教职的社会背景更广泛一些。最高级的教士如主教常常由上流社会子弟担任，

---

[1] Wilfrid Prest, *The Professions in Early Modern England*, New York, 1987, pp.8–9.

但中世纪的大多数其他教士，则来自不同的社会阶层，只是从17世纪以后由于神职人员都必须有大学学位，这才使得贫困人家的子弟难以越过门槛。

从中世纪晚期开始中小贵族和乡绅的子弟也大量进入商界，由于他们常常在青少年时期由父母出钱或作为大贵族的随从游历欧陆，所以对外贸易基本上是他们的天下。

中下层家庭的子弟则进入我们现在可以称为"蓝领"的职业，这包括金银匠、裁缝、皮匠这类手工业者，小店主、小放贷者等等。16世纪进入伦敦的新增人口大部分来自这些父辈为殷实农户的中下层职业者，这一阶层中的少部分人甚至有缘进入大学，他们毕业以后就成为"白领"人士，跟中小贵族的子弟们平起平坐，未来的工业家也出自这个中小贵族和以自耕农为背景的中等职业阶层。[1]

女性继承权

历史上存在过的大多数社会都有过数代同堂的大家庭结构。中国社会直到几十年前还到处可以见到这类家庭。巴金的三部曲《家》《春》《秋》，曹禺的剧作《雷雨》便是充满了对这种"封建"大家庭的道德控诉。但英格兰的情况却不同。从13世纪起，英格兰的典型家庭就是所谓的核心家庭——一对夫妇加上他们的孩子。

---

[1] Ralph A. Houlbrooke, *The English Family 1450-1700*, Longman, 1988, pp.240-241.

这种家庭的核心是丈夫和妻子的平行关系，而不是上下几代人的垂直纽带。在以后的八百年中，这种家庭结构几乎一点也没有改变。数代同堂大家庭的缺位极大地改变了女性的地位。

和典型的欧洲中世纪国家不同，英国妇女的法律地位出乎意料地高，这突出地表现在妇女财产权的确定无疑。寡妇可以继承亡夫 1/3 的财产而无需监护人，如无男性子嗣，女儿可以继承父亲财产，如有数个女儿，则可以平分遗产。英国法律史的权威梅特兰教授认为："诺曼征服以后，未嫁的成年妇女在英格兰是完全行为能力人，符合私法的一切含义；她可以起诉和被起诉、赠予或接受不动产、签署合同而无须监护人参与。" [1]

尽管当时的遗产继承法体现了一种男性优先于女性的安排，但这一倾向并不很强烈。妇女可以持有土地，可以拥有动产、立遗嘱、订合同，可以亲自起诉和应诉，可以亲口为自己辩护，已婚妇女有时甚至以其丈夫的法律代理人身份出庭。寡妇经常担任自己子女的监护人，领主夫人也经常担任其佃户的子女的监护人。已故者的女儿在继承顺序上优先于已故者的兄弟等等。

另一方面，女性维兰和女性茅舍农（无地或少地的农民，大致相当于雇农）与男性服同等的劳役，她们中有的是寡妇，有的则是未婚妇女。在雇佣劳动者方面，14 世纪的女季节工与男人常常是同工同酬的。妇女也与男人一样成为承租者和企业家。甚至生活在城镇的妇女也保持着完全的独立性，如果一位妇女是一位

---

[1] *The History of English Law Before the Time of Edward I*, Vol. I, p.482.

亡故市民的旁系继承者，她也可以在直系亲属阙如的情况下自由继承。如果是未婚女性，在继承财产时她亲自对修道院院长宣誓效忠。妇女也以完全的市民身份被记入城镇的租册中。[1]当时的女性在法庭上侃侃而谈，她们头头是道地起诉或为自己辩护，使得今天的研究者大为吃惊。14世纪初的王室财务庭记录了一位叫萝丝·伯弗德的女羊毛商的诉讼：萝丝的丈夫生前曾借给国王一笔款子，国王迟迟未还。丈夫死后她连续五次提起诉讼要求还款未果，最后她向法庭提出调解办法——从她未来的税收中扣除王室需还的款项。为此王室法庭传唤她到庭，要她出示证据并为自己辩护。她成功地说服法庭接受了她的方案。[2]我们不要忘记，这是在14世纪初！

婚姻生活中女性的从属地位当然毋庸置疑，男主外、女主内的模式在很多情况下也成立，但英国已婚妇女地位较为特殊也是显而易见的。这主要是因为中上流社会男子常常从事农业以外的事务，一年中有许多时候外出或在城市中居住，因此妻子便成为庄园的主管，这使她们在与周围的男权社会打交道时较有力量；当丈夫的其他事业遇到困难时，妻子经营的家业就成为家庭经济的支柱。中等以下的家庭一般都需要夫妻双方共同劳作。英国早早就是雇佣劳动的天下，这意味着大多数男人必须外出打工，在中世纪英语里，"雇工"一词就叫"出行者"（Journeyman），而且

---

[1] E. Searle, *Lordship and Community: Battle Abby and Its Banlieu, 1066-1538*, Toronto, 1974, p.118.

[2] Eileen Power, *Medieval Women*, Cambridge University Press, 1981, pp.56-57.

许多当妻子的也得出去赚第二份工资。在 1570 年诺维克郡对下层
居民的一次人口调查中，86% 的 21 岁以上的妇女都外出打工。在
城市中，绝大部分行业都接受女徒弟，男女同工甚至同酬的现象
是普遍的。这种劳作制度和经济状况无疑提高了妇女在婚姻中的
地位。在整个中世纪合法离婚是不可能的，最早的一次合法离婚
到 1698 年才出现，而且是由议会为此专门通过了一项法令。但作
为新教国家，英国比大陆的旧教国家对事实离婚更为宽容，尤其
是在丈夫不忠的情况下，分居会被社会接受，偶尔教会法庭还会
判以"合法分居"，这时妻子会得到 1/4—1/3 的家庭财产。到了 16
世纪，由于前配偶的不忠造成的事实上的第二次婚姻尽管还不合
法，但已经相当普遍。总而言之，在婚姻中女人的地位是从属的，
但这种从属"不是奴隶般的，而是平等的、崇高的"。[1] 英国妇女
之所以成为现代男女平权主义的先驱，绝对不是偶然的。

---

[1] *The English Family 1450–1700*, pp.96–119.

第四章　普通法

造成英国独特性的另一个根源是普通法。普通法（Common Law）是一个容易误解的译法，因为不存在什么"特殊法"。这里的 Common 指的是"通用"。如果非要界定一下的话，那么，与各行其是的地方法对应，它是"国家通用法"；与成文法对应，它是"不成文法"；与制定法对应，它是"习惯法"；与大陆法（罗马法）对应，它是英国法；与教会法对应，它是世俗法。但我们在这里姑且将错就错，等待专业的法律史家来解决名称问题。

前面我们已经讲到，到公元 10 世纪，当欧洲大陆已经到达封建制度的鼎盛期时，英国却还不是一个封建社会。这时候大部分的英格兰已经统一成一个王国，但地方部族势力还很强大，这意味着所谓法律制度实际上是碎片化的地方习惯，并无统一规范。由于盎格鲁－撒克逊人在 5—6 世纪入侵英伦三岛时他们的社会组织还不是封建的，所以他们带来的日耳曼法规也不是封建的。这些法规由首领及议事会成员口口相传，部落和部落之间也不尽相同。这意味着在执行中这些法规会越来越地方化。到公元 600 年左右才有了最早的法律文书，这些文书是用古英语写成的，跟欧洲大陆用拉丁语写的法律文书从一开始就很不同。后世的学者把这些文书看成是最纯粹的日耳曼部族法的材料，因为在欧洲大陆没有这样的法律文件留存下来。[1] 1066年的诺曼入侵把这一切都改变了。诺曼人带来了欧洲大陆的封建法规，这些法规改造了盎格鲁－撒克逊习惯法。[2]

普通法是整个西方法律史上的异类，它的基础是判例法，也就是说它的法律主体是由以往的审判结果构成的，这和欧洲中世纪大多数地区通行的罗马法适成对照。今天的世界上大多数国家实行的仍然是各种各样的成文法，而普通法仅在英国和英国的前殖民地包括美国、印度等地实行。不过说是"仅在"，也覆盖了23亿人口，占全世界人口的1/3以上。

普通法最重要的特征是对罪与非罪的判定不是依据事先制定的法律条文，而是依据此前在相同或相似情况下的判例。此外，罪与非罪的决定权不在法官手中，而是取决于一个由12人组成的陪审团。这就是说，普通法并不主动为当事人设定行为模式，而是让当事人自行选择，只是当纠纷发生以后才裁定哪一方的行为违反了公众认可的基本信条或者说善良风俗。这说来容易做来难，因为它需要陪审团和原被告对习惯及行为准则有高度的文化认同，否则审判结果很难被接受，法律就起不到维持和平与秩序的作用。举例来说：1255年有一个叫吉尔伯特·尼代斯戴尔的外乡人在诺

[1] *Cambridge History of English and American Literature (1907–1921)*, Vol. Ⅷ, xiii. Legal Literature, § 2, The Laws of Ethelbert of Kent and Other Early Kings.

[2] "The Norman Conquest and the Genesis of English Feudalism", pp. 641–663.

森伯兰的沼泽地打伤了一个隐居者，还抢走了他的衣服和一个便士（大约值今天的35英镑）。这个外乡人后来被抓住，隐居者要求法庭判回那一个便士，法庭同意了，但告诉他按照当地习俗，受害人必须亲自砍下施害人的头才能拿回那一个便士。隐居者养精蓄锐了好久才做到了这一点，最后拿回那一个便士。[1]这样的判罚在当时、当地被接受，但在别的时代、别的地方可能被认为不公正。

　　普通法所依据的许多惯例直接来自盎格鲁－撒克逊部落法。法庭是地方的，各个郡县、各个百户法庭之间各判各的，互不通气。不过此时的英国社会已经是一个基督教社会，因此法律原则已经是宗教性质的，也就是说基督教教会在法律判决中影响巨大。这是跟早期日耳曼习惯法最不相同的地方。

　　这些早期的盎格鲁－撒克逊法律文书多半是一些为了制止血亲仇杀的法庭调解：贵族的一条人命值多少钱，自由民的一条人命值多少钱；一个手指值多少钱，一只耳朵值多少钱；等等。由于没有专职的律师和法官，每一个自由民都有义务轮流在法庭上充当裁判员，这跟他拥有多少财产无关。这个自由民在司法裁判中拥有平等的地位和积极有效的传统对后世影响至深至大。同时由于法官位置的非职业性质，一个农人在参与法律裁判时要进行身份转换，因此会有复杂的仪式、冗长的誓词、诗化的语言，使得平时的邻人对他的意见产生必要的敬畏。这一切我们在日后的

---

[1] Arthur R. Hogue, *Origins of the Common Law*, Indiana University Press, 1985, p.16.

英格兰法庭上都会看到，包括法官头上戴的那顶银色的假发，那也是这种仪式的一部分。

1066 年的诺曼征服并没有给英国带来很多新法令，相反，诺曼大公本人还言之凿凿地肯定了原有英国法的有效性："我在此命令，所有人都必须遵守爱德华国王[1]时期关于土地和所有其他事物的法律……"[2] 此后他的儿子亨利一世（1100—1135 在位）又重申了这一点。那么诺曼人的到来对英国法的发展没有起到大的作用吗？不是的，至少有两点是诺曼征服做出的重大贡献：（一）一个强大的中央王国；（二）陪审团制度。

前面我们已经说过，盎格鲁－撒克逊时代的法制是地方性的、分散的，没有一定之规。诺曼人到来以后，很快统一了司法，在短短二三十年内，英国就成为欧洲唯一有"国法"的国家。这并不是因为诺曼人特别有远见、有法制建设的头脑，事实上他们文化不高，多数诺曼人并不识字。他们对法律的重视是利益使然。他们实行了两个重大举措来巩固自己的统治，并从英国人民那里收取最大的利益。

首先，他们在 1085 年启动了全国的人口、土地、财产清查和造册（Domesday Book），以便没收盎格鲁－撒克逊贵族的土地并向人民征税，这在欧洲历史上是第一次；其次是实行了巡回法庭制。这在最初是国王或他的代表出巡并昭告天下的一种形式。在

---

[1] 英国国王，1042—1066 在位。

[2] F. W. Maitland, *The Constitutional History of England*, Cambridge, 1961, p.7.

没有一个官僚执行机构的情况下，这种方式是王室与治下人民建立接触的唯一手段。在这种巡视当中，国王或他的代表自然要倾听民意、解决冤屈，久而久之，这种形式就固定成每一个季度的流动法庭。需要强调的是，这种法庭不管有没有国王本人在，都是王室的直接司法代表。

国王的聪明之处在于他没有去着力改变旧的法律，他不去触动世世代代传下来的习俗准则，而只是越来越把裁判权抓到自己手里。我们不要忘了是诺曼人把封建制度带到了英国。简单地说，封建制就是受封土地的人要向领主提供服务，其中最重要的是军事服务（这一点在盎格鲁－撒克逊的旧制当中是不存在的）。土地一层层封下去，服务一级级返回来，顺理成章，在欧洲大陆到处都是这样做的。但到了英国这里有了一点变化：陪臣对领主的所有义务照旧，但在13世纪以后，唯独军事义务只对国王提供。就是说，只有国王打仗的时候，各级贵族才有义务出征，其他的领主无权要求这项服务。具体来说，国王把土地封给伯爵，伯爵再把土地分封给男爵，男爵要向伯爵提供所有的服务，唯独伯爵跟自己的敌人打仗时男爵不必出征；但是国王打仗时，他却要按照伯爵封给他的土地的大小分担作战任务。正是这一点差别，加上盎格鲁－撒克逊原有的村社自治传统，使得英国各级贵族的封建法庭失掉了一个重要的杠杆。而国王为了赢得不是自己直接陪臣的中下级贵族的支持，则越来越多地以臣民的法律保护人自居，直到最后把这项法律保护扩大到所有的自由民。

王室法庭的建立使自由民在司法救助上有了选择。他们可以在地方封建法庭上接受裁判，也可以要求到王室法庭接受裁判，而王室法庭由于不直接涉及利益冲突，一般来说更为公正。地产纠纷本属于封建法庭管辖，但后来在产权问题上却有了细微的区别："拥有"（proprietary）权归封建法庭裁判，"占有"（possessory）权则归王室法庭裁判。这又一次削弱了封建法庭的权限，因为在理论上只有王室才是全国土地的最终拥有人，所以土地纠纷多数是占有权的纠纷。

欧洲大陆也有王室法庭，但那里的王室法庭是上诉庭，而英国的王室法庭却是初审庭。这就是说同样的案子，在英国有两个不同的法庭可供当事人选择，而且王室法庭是送到家门口的，跟地方法庭相比并没有什么不方便。只有一条：上王室法庭先要得到国王签发的许可状（Writ），而这种许可状是要花钱买的。臣民们为了达到更大的公正，多数情愿花这笔钱；而国王为了增加收入，更是来者不拒。贵族也不是没有反抗，他们在1258年的《牛津条约》当中迫使国王对签发许可状做出限制。但总的说来封建法庭的式微是不可逆转的。

为什么英国产生了强大的王室法庭而欧洲大陆却没有呢？主要是因为诺曼贵族是外来的征服者，他们必须依靠王权的强大来压制本地贵族社会的反抗，这使他们不得不对王权做出妥协。而王室法庭最终一统天下的结果则产生了我们在这里关注的中心——普通法。

前面已经讲了，"普通法"是一个错译，较好的译法应该是"共同法"。就在英王亨利二世（1154—1189在位）时期，定期的巡回法庭把判案的准则统一起来，地方法庭日益失去了它们的重要性，因此我们可以说早在 12 世纪末，一种全国统一的共同法（普通法）就形成了。普通法是欧洲的第一个国家法，它使得各地的判案互相参照、互相交流，大量的案例被有意识地搜集起来加以研究比较，并由此产生了专业化的律师阶层——英语中的"律师"（Lawyer）就是"专吃法律饭的人"——这是欧洲的第一种"白领"。法官也由于长年累月处理法律事务而渐渐从行政官吏当中分离出来，并且由于法律工作者需要专门训练，法官也多从律师中产生，英美法系中这两类人角色可以互换，就是来自这个传统。

　　普通法的确立影响极其深远。首先，它加速了封建制的衰亡。审判制度的规范化剥夺了贵族在司法上的专断权，使封建法庭日益失去重要性，最终把这类法庭及它们的贵族主审者逐出司法。（当然，今天英国上院还保留着最高上诉庭的名义，但它起的是类似于美国联邦最高法院的作用，是一种宪法法院。）其次，它巩固了王权，帮助英国达成欧洲第一个中央集权的现代政体，在这个政体下发展出一系列现代国家机器，如郡县制、官僚制、国家军队等等，并由此产生我们现在所说的"科层制"官僚阶层。最后，但最重要的是由于判例法传统的确立，英国成为欧洲唯一的司法至上的国家。在司法至上的原则下，法律的公正性首先不取决于成文法规的完备性（事实上成文法永远不可能包罗万象地穷尽人类行为的可能性），而是取决于司法实践中对于"正义"的常识性判断，也就是"人心中的正义"。司法人员的职责不是创制法律，而是去发现"上帝之法"并把它运用于人间。这直接导致后来从法哲学层面导出的"自然法 / 自然权利""个人不可让渡之基本权利"这个理念。按照梅特兰的说法："英国法没有被罗马法吞并这件事有得有失。我们失去的是法律层面的。假如我们的律师多懂得一点罗马法——特别是罗马土地法——那我们的法律就不会像现在那样成为一座缺乏原则的迷宫；但我们得到的却是宪法和政治层面的：罗马法到处都导致专制主义，英国（如果实行罗马法的话）也不会例外。"[1]

这听上去像个悖论：一个由中央集权造成，同时又加强了中央集权的法律体系最终却走到了专制主义的对立面，成为保护个人权利对抗王权的根本屏障。要理解这一点，我们就要搞清楚英国式的中央集权是怎样"自然而然"地与专制制度格格不入的。

我们知道，诺曼的封建统治跟所有封建制度一样，上级领主无法阻止下级领主为了自己的利益把义务转嫁给自己的陪臣，其结果是对大领主来说分封就意味着自己利益的层层流失。因此我们看到在整个欧洲大陆大贵族的经济利益大都只能体现在自己的直接领地上，他们的政治 - 司法权力也只到此为止，国王也不例外。10 世纪的法国国王如果没有强大的卫队甚至不敢离开巴黎。英国的不同是王室利用贵族出于集体安全的考虑对王权的依赖控制了全国的司法权，而在司法权的实施过程中，王权为了自己的利益又倾向于保护中小贵族对抗大贵族。很快，这一趋势又扩展

---

[1] *The Constitutional History of England*, pp.21–22.

到对全体自由民的保护，因为这同样符合王权的利益。这样，普通法体系就成了诺曼人自己带来的大陆式封建制的掘墓人。1159年军役赎买制（Scutage，即以金钱或实物替代服军役的一种形式）和 1188 年个人所得税制的实行，明确地标志着英国封建制度的末日。[1]

另一方面，对于贵族阶级来说普通法也不是全无好处的。首先，普通法对"占有"权的保护使他们有了一种对抗上级领主直至王权的有力武器，因为贵族的土地所有权从根本上来说是一种"占有"而不是"拥有"；其次，普通法间接地为他们免除了军役这种沉重的负担，使他们可以专心经营自己的领地；再次，由于长子继承制的实行，贵族的次子（女）在法理上都是平民，因此普通法对全体自由民一视同仁的保护也是对整个贵族社会的保护。

普通法的主体是地产法。英国人历来认为买者－卖者、地主－佃农、监护人－被监护人、债权人－债务人之间的关系是必须明确规范的。而所有这些关系当中，最重要、最基本的显然是土地的产权关系。正是对地产权确认的需要，才使普通法成为司法救助的主体，而王权的强大，则保证了普通法成为连贯一致的体系。普通法的奠基阶段大约是在 1154—1307 年之间，在这一个半世纪当中，王室成功地把宫廷在全国的巡游演化成了一个王室法庭体系，它包括财务庭、普通上诉庭、王座庭和大法官庭。这些法庭起初互相间并没有严格区别，法官的人选大致一样，只是视事件

---

[1] *The Constitutional History of England*, p.13.

的性质不同而冠以不同的名字。它们的好处是由于跟随国王行动，判决的权威无可争议；不过坏处也在这里，许多案件正是由于法庭居无定所而被延误。一个最极端的例子是：阿内斯蒂的理查，一个贵族，在 5 年内花了 188 英镑 8 先令 8 便士才追上亨利二世在巡游中的宫廷，终于在 1158 年获得有利的司法判决。[1] 188 英镑可是一笔巨款，大约相当于今天的 16 万英镑。不知道这个有利于他的判决是否值这个价。

普通法在它创建的初期明确无误地把整个社会划分成两部分：自由人和非自由人，因为自由人的案件由普通法法庭管，非自由人的案件由采邑法庭管。这种采邑法庭是封建性的，由领主或他的代理人（管家）担任裁判；但法庭召集人（Bailiff）却通常是维兰。采邑法庭也有陪审团，也是 12 个人。采邑法庭的程序跟王室法庭完全一样，因此到 15 世纪普通法管辖范围扩展到所有人时，它在技术上没有任何问题。

当时英国全国有 35 个郡、628 个百户区，王室法庭在建立自己的权威时，并没有丢开原有的郡法庭和百户法庭，而是努力把它们纳入自己的体系当中，例如指派两名巡回法官到郡法庭，跟 4 名当地的骑士一起组成会审庭进行审判。百户法庭常常是普通法和封建法交叉的地方，自由人和非自由人之间的财产纠纷经常在这种法庭上处理，这时就必须有两个陪审团，一个由非自由人组成，一个由自由人组成，都是 12 个人，自由人组成的第二陪审团

---

[1] *Origins of the Common Law*, p.151.

有最终决定权。但这并不表明自由人陪审团一定偏袒自由人，因为如果他们这样做的话，由此形成的惯例日后可能会损害到他们自己的利益。到15世纪末期，自由人和非自由人之间的区别消失，第二陪审团也就随之消失了。

英国全部人口身份差别的消失标志着普通法真正是名副其实地"通用"了。在漫长的4个世纪当中，英国人上至贵族，下至升斗小民，都在日常生活中时时接受着普通法的训练，因此变成了全世界独一无二的法律知识丰富、维权意识极强的民族。他们动不动就上法庭，上文说的那个叫约翰·西德里奇的农民在43年间至少出庭了196次，对我们今天的人来说简直匪夷所思。原告、被告、陪审员、辩护人、法警，一个人常常经历多种角色。日常生活中的这些亲身经历、耳濡目染，使几乎所有的人都有基本的法律常识，都有在公共场合下论辩的能力。

中世纪的普通法始终面临着一个两难境地：一方面要保护由习惯形成的特权，这些特权有的是封建的，有的则与封建无关，譬如肯特郡有些地方与主流的长子继承制不同，实行众子嗣共同继承制，甚至幼子继承制，还有一种租佃制（Gavelkind），农民以自由人身份从领主处获得土地，仅需付租金而无人身义务，等等；另一方面，又要尽力保护地产权的个人性质以维持土地的流动性。两相较量的结果是，长期的法律实践使得名义地产权越来越向上移动，即全国的所有土地都在法律上成了王室领有地；而实际地产权则越来越向下移动，越来越简化，最后大多数都成为实际上的自由（绝对）产权。大贵族们对此几乎未做任何抵抗，因为他们宁可享受自由租佃权带来的租金利益而不是坚持要求骑士履行靠不住的封建义务。[1] 这就是英国在整个欧洲封建制的一统天下中独辟蹊径，成功构建市场经济的根本原因，与新教伦理和"资本主义精神"实在没什么关系。

按照韦伯的论断，理性资本主义，也就是我们今天所说的现代市场经济，起源于15世纪宗教改革以后的一种新教伦理，这种伦理把积累财富当作为上帝服务的天职（Beruf），而旧教则把超出自身消费之外的财富积累看作罪恶，这解释了为什么近代资本主义仅在西北欧的荷兰、英国、斯堪的纳维亚、德意志北部这些新教地区获得成功，而法国、西班牙、意大利以及欧洲中部这些旧教地区却缺乏这样一种"资本主义精神"，因此在经济上远远落在后面。[2] 这种解释颠覆了关于经济基础决定上层建筑的模式，但在描绘现代社会起源的进化模式上两者却是一致的：资本主义市场在17—18世纪的诞生和发展破坏了封建结构，由此在欧洲引起社会、政治的革命性变化，最终导致现代国家管理制度的建立。

不幸的是，他的这个假设与事实不符。如果我们承认以个人自由为基础的公民权、以司法独立为基础的有限政府、以科层制为基础的官僚行政体制、以机会均等为基础的市场这四点为现代社会的基石，那么这样一种社会起源于13世纪的英国。换句话说，理性资本主义是现代社会的结果，而不是相反。实际上，隐含在

---

[1] *Origins of the Common Law*, p.235

[2] 马克斯·韦伯：《新教伦理与资本主义精神》，生活·读书·新知三联书店，1987年，第32—68页。

德语词 Beruf 当中的"天职"概念在英语中并不存在，较为合适的对应词是 profession 或 occupation，即"职业"，其"为上帝的荣耀服务"的道德意义几乎完全阙如。

当然，今天来指责韦伯是不公允的。毕竟他的天才式的社会进化论断想一百多年来引起了不间断的讨论，启发了一代又一代的学者。而且，学术界普遍接受有关现代社会起源的英国宪政史解释只是近几十年的事。在法律史方面开创这一研究的梅特兰是韦伯的同代人，但 19、20 世纪之交是德国在引领社会学和历史学的潮流，英语学术界在这方面的初始成果完全被韦伯的光芒所掩盖。从社会史角度来看，英国 12 世纪以来的教区档案资料直到战后才被充分挖掘和研究，由此获得的英国中世纪社会的情景描绘直到 20 世纪 60—70 年代才成为共识。从那以后，我们才有足够的理由去质疑韦伯式的社会进化论范式。

陪审制

有一点必须强调：普通法在 11—13 世纪的形成过程中并没有改变盎格鲁－撒克逊习惯法的实质法，盎格鲁－撒克逊的财产法、合同法，有关偷盗、伤害、谋杀及其惩罚的法等等都没有丝毫改变，真正的新气象是程序法，这些新程序除了前面提到的巡回法庭的建立，还包括法庭的更广泛、更专断的权力、将被告传唤到庭的新手段、新的取证法等等。[1]而新的取证法是我们关注的重点。

传统的取证法主要是两种：（一）邻人誓证法（Compurgation），即依靠他人对被告的品行等的证明来判断罪与非罪；（二）神裁法（Ordeal），即通过双方决斗，将被告人火炙或投入水中看其是否灼伤或溺毙等等来判断罪与非罪。[2]诺曼人的到来，引进了一种新的制度——陪审团制。

陪审团制的起源是8—9世纪法国王室一种调查地方情况的制度和方法：由国王派出的钦差召集地方上的民众要求他们宣誓后回答钦差的问题。[3]这种方法被诺曼征服者带到了英国，从此发扬光大，而在法国本身却由于罗马法的统治地位而没发展成正规的取证制度。诺曼人最初的巡回法庭是由国王本人或诺曼贵族主持的，他们对本地习惯法一无所知，甚至连语言都不通，但又发誓要尊重这些法规，于是唯一的办法就是每到一个地方就召集地方贤达进行咨询。[4]起初这些地方贤达的作用也确实仅仅是咨询和建议，而"庭上"对他们的意见则不但尊重，而且多半照办。很快，一个更直接的方式就产生了：干脆让这个"咨询会议"来决定怎么办。这个方法非常得人心，以至于立即成了全国的范本。陪审

---

[1] George Burton Adams, "The Origin of the Common Law", *The Yale Law Journal*, Vol.34.No.2 (Dec.1924), pp.117–119.

[2] 同上文，p.125。

[3] R.C.范·卡内冈：《英国普通法的诞生》，中国政法大学出版社，2003年，第10页。

[4] 同上书，第4页。

团的人数被定在 12 人，刑事上的罪与非罪、民事上的合法与非法必须由全体陪审员一致通过，陪审员必须与被告人有同等身份（自由民），等等。邻人誓证法几乎立刻就失效，神裁法也在 1215 年被永久废除。陪审团制由此成为普通法的主要程序法特征。

陪审团制是基于这样一个原则——正义由人的常识决定，而这种"人心中的正义感"由上帝在造人的一刹那植入人的意识，因此是永恒的。上帝正是通过每一个人的良心判断来昭示法律、实施正义。这样一种法理原则让陪审团制这样一种极其世俗的方法得以与基督教信仰并行不悖；更有甚者，它宣告了司法高于立法，也就是说司法判决的过程是一个不断"发现"上帝之法的过程，因此它高于任何人为的成文立法。成文法可以改变，永恒的正义原则却不可改变。因此我们看到在现代的普通法法庭上，控辩双方唇枪舌剑，都是在争取现场 12 位陪审员站到自己一边。从这个意义上说，"陪审团"也是一个错译，因为英语中 jury 这个词是"审判团"的意思，而法官才是真正意义上的"陪审"。法官的作用只是向陪审员介绍相关的适用法律并决定量刑轻重，至于罪与非罪，法官绝对不能参与意见，甚至不能暗示。今天，除了澳大利亚和新西兰外，法律并没有规定专业法律人士如律师不能担当陪审员，但一般情况下他们会被法官和控辩双方从名单上剔除，因为他们有太多的专业知识，这会影响到常识性判断。即使他们当了陪审员，也被严格禁止向其他陪审员传授相关法律知识，理由相同。甚至，如果预见到取证过程中证据的专业性太强，那么该专业的业内人士也会被排除在陪审团之外，理由还是一样。

陪审团制是一个非常复杂的制度，陪审员的遴选程序繁复，法官和控辩双方都有各种各样的理由对候选人资格进行质疑，甚至还有"无理由排除"一项，也就是说"我看他／她不顺眼"。更麻烦的是，陪审员的职责不是一两句话可以说清楚的，法官除了请求他们"凭常识判断，凭良心裁决"以外也不能多说什么。法官和陪审团之间的关系也不总是顺顺当当的。在整个中世纪，法官是上等人，在庭上他们被尊称为"大人"（My Lord），而陪审员们绝大多数是中下层平民，他们的发言人被称为 foreman，相当于今天我们所说的"工头"。他们在法庭威严的气氛中不可能不感到战战兢兢。令人惊奇的是，在漫长的岁月当中这些小人物却顶住了压力，逐渐把普通法法庭变成了平民的胜利场所。他们的功绩中最值得大书一笔的是确立了所谓"陪审团得藐视现行法律"（Jury Nullification）的原则。

1670 年，两名非英国国教徒的"贵格会"成员在伦敦街头宣传自己的教义，听众达到了 300 人。按照当时的法令非国教徒的宗教公共集会不得超过 5 人，于是他们遭到逮捕并被送到法庭，罪名是"聚众闹事"和"扰乱和谐"（disturbing harmony）。可是尽管法官超越权限提示被告有罪，陪审团却不能达成一致意见，12 人中只有 8 人同意有罪判定。法官对其余的 4 人做出了各种威胁和恐吓，声称要把他们的"不轨行为"记录在案。局面僵持不下，结果陪审团以"违法在街头布道"的名义对被告做出有罪判定。这是很轻的罪名，达不到法官重判的要求，于是法官开始大动肝火，命令把全体陪审员关押起来，"不给肉，不给水，不让烤火，不让抽烟"，直到他们给出"庭上所能接受的判决"。这惹恼了全体陪审员，在被扣押两天两夜之后，他们一致做出了无罪判决。为此，他们以藐视法律的罪名被关押，直到每人付清 40 马克（等于 26.7 英镑，在今天大约值 3,000 英镑）的罚款。陪审团发言人布舍尔拒绝支付罚款，并据此向王室法庭提起了上诉。下面是王室法庭大法官约翰·沃根的判决词：

> 陪审团必须独立地、无可争议地对案件的结果做出判定，法庭不得对其做出任何威胁。

这就是著名的布舍尔案判决。今天在布舍尔陪审团曾进行抗争的老贝利法庭（Old Bailey）外面立着一块碑，以纪念这个划时代的事件和这些勇敢的普通民众。布舍尔案判决确立了这样一个从 11 世纪以来一直在司法实践中通行但却从未明确宣示的原则，即陪审团的裁决高于任何现行法律。这给了普通百姓一件强有力的武器以对抗政府的强权和体制的不公正。在今天的普通法法庭上，就罪与非罪（刑事）或错在哪一方（民事）来说，陪审团的裁决就是终审，当事各方只能就量刑问题提出上诉；而且同一案件一旦由陪审团判定，除非有过硬的新证据，如真正的凶手被抓获、DNA 检测导致原物证失效等，不得重审。这真正是"庶民的胜利"。[1]

---

[1] Kevin Crosby, "Bushel's case and the Juror's soul", (2012)33(3), *Journal of Legal History*, pp.251–252.

我们还应该记住，布舍尔案发生在 1688 年"光荣革命"的 18 年前。"光荣革命"及随后的《权利法案》从政治上确立了君主立宪制原则，即议会权威高于王权，这无疑是英国宪政史上的一个转折点。但从法理学上说，布舍尔案判决的意义却更为深远，因为它为个人对抗政府专权提供了法理基础，因此它的历史重要性甚至高于"光荣革命"。

在以后的 400 年当中，很多法官自然都不喜欢这个原则，多数法官不会对陪审团提及这项权利，有时甚至把向陪审团宣告这项权利的辩方律师逐出法庭。但陪审员们却似乎对此有一种天生的敏感。许多家庭暴力和买卖妻儿的案件、有关诽谤罪和扰乱社会治安罪的案件、保护黑奴的案件（在美国蓄奴州法律视藏匿逃奴为侵犯财产）、违犯禁酒令（美国在 20 世纪 20—30 年代实行禁酒）和禁止堕胎法的案件、因良心和宗教原因抗拒服兵役的案件等等之所以能得到公正的裁决，就是由于陪审员自觉或不自觉地行使了"陪审团得藐视现行法律原则"，并最终导致恶法或过时的法律被废止。只是到了最近 30 年，法学界才对这个许多世纪以来在学术上多少有些讳莫如深的问题进行了梳理和辩驳，最终将"陪审团得藐视现行法律原则"明确宣布为公民的一项基本宪法权利。[1]

美国的开国元勋托马斯·杰斐逊在 1789 年给《人权论》的作

---

[1] C. Weinberg-Brodt, "Jury Nullification and Jury-Control Procedures", *65 New York University Law Review*, (1990), p.825.

者、英国政论家托马斯·佩恩的信中写道："我认为陪审团制是迄今为止人类发明的唯一一种能使政府恪守宪法原则的措施。"[1] 前面梅特兰所说的罗马法到处都导致专制，只有普通法使得英国独善其身，就是这个道理。引申一步说，雅典民主一到小亚细亚的殖民地就变质，到了亚历山大大帝的所谓"希腊化"时期民主更是荡然无存，就是因为希腊人缺少一种独立于政制之外，以公民个人权利为出发点的法律制度；罗马在从城邦制转向帝制的过程中丧失民主也是同样的原因。反观英国，大英帝国曾经是历史上最大的帝国，人口占全人类 1/4 以上。最后帝国虽然不存在了，可是英国式的宪政所到之处却遍地开花，没有一处不成功，更不要说美国这个最强的民主国了。究其原因，无非是普通法既保护了个人的权利，又给从中央到地方的每一层共同体留下了足够的活动空间。

　　哈耶克曾经提出了一个假设，普通法国家的市场表现要优于民法国家。[2] 此后各国学者用各种方法进行了验证，结论大致证实了这一点，其原因主要是：普通法对个人的基本权利提供了更强有力的保护；普通法能更好地防止利益集团影响立法；普通法司法人员地位更高、更独立、更不容易腐败，而民法国家如法国的

---

[1] *The Papers of Thomas Jefferson*, vol.15, 27 March 1789–30 November 1789, ed. Julian P. Boyd, Princeton, Princeton University Press, 1958, pp.136–137.

[2] F. A. Hayek, *Law, Legislation and Liberty*, Chicago, 1973, Vol.1, p.94.

司法人员是国家公务员，因此容易感受到行政体制的压力。[1]总之，普通法这个被中世纪法学界视为丑小鸭的异类，却成了人类对抗暴政的最有力的屏障。

大宪章的普通法意义

《大宪章》的内容主要是有关贵族的各项具体权利，规定了各种细节，冗长而繁复，其中的大部分今天已经过时，六十三条中只有三条还有法律意义，其一是关于英国国教会的地位，其二是关于伦敦城的地位，其三才是关键所在，它宣称：

> 除非经同侪审判或依照王国法律，任何自由人都不得被逮捕、囚禁、剥夺财产、剥夺法律保护、驱逐出境，或以任何方法处罚，或遭敌视。

到了14世纪，"任何自由人"被改为"任何人，不论其地位和财产"。[2]这一条被看作英国宪法的核心和人权的最基本保障，因此为世人所讴歌，《大宪章》也被称为世界上的第一部宪法，其精神后来又被美国宪法所传承。后世许多自由的捍卫者都认为正是这份文件的颁布开创了人类的宪政之路。

---

[1] Frank B. Cross, "Identifying the Virtues of the Common Law", *Supreme Court Economic Review*, University of Chicago Press, vol.15, No.1 (Feb.2007), pp.21–59.

[2] J. C. Holt, *Magna Carta*, Cambridge University, 1976, pp.1–9.

然而事情并非如此。可以想见，约翰对贵族们的逼迫极为恼火，他之所以签了字是因为别无选择。仅仅几个月以后，他就公然毁约，重新挑起战端，并且把反叛者们告到教皇英诺森三世那里。教皇毫不犹豫地废除了《大宪章》，并威胁要把任何支持它的人开除教籍。不过约翰第二年就死于痢疾，他的儿子亨利三世即位时只有九岁，因此贵族们轻而易举地迫他就范了。

很显然，无论是约翰还是那些反叛的贵族都没有把这份文件看成什么根本大法。所谓《大宪章》的"大"也不是"伟大"的"大"，而是因为当时准备的有两份约法，另一份是有关森林的使用权的约定，只有十七条，相应地被称为"小宪章"。因此这个"大"本来只是指篇幅大。而且《大宪章》也不是唯一的一个约法，甚至不是最早的一个。

早在1100年，英王亨利一世就曾签署《自由宪章》，里面规定了许多君主不得侵犯的贵族特权，其内容成为1215年《大宪章》的蓝本。但在以后的一百年当中历代国王并没有遵守它。在《大宪章》的同时代，许多欧陆国家都有类似的约法，如1222年匈牙利的《金玺诏书》（*De Bulla Aurea*）就是最著名的一种。[1] 此外，伦巴第和德意志也有好几种国王和贵族之间的约法，或称宪章，无论从实质还是内容条款上看都很类似；在法国这类约法就更多了，仅在1314—1315年间法国国王就跟诺曼底、勃艮第、香槟等

---

[1] Janos M. Bak et al, eds and trans., *The Laws of the Medieval Kingdom of Hungary*, Bakersfield, CA, etc, 1989–2012, Vol.1 (2nd ed.), pp.32–35.

十个地方的贵族签订了十份不同的宪章，内容也不外是限定国王在这些地方的权力。[1] 问题是，所有这些约法或宪章在历史上都是昙花一现，基本上没有留下痕迹。

《大宪章》本身的经历也是一波三折。国王们当然视它为眼中钉、肉中刺，一有机会就想把它抛到一边。只是英国的贵族传统太强大了，新王即位，头一件事就是在威斯敏斯特教堂宣誓遵守《大宪章》。这一天坎特伯雷大主教手捧圣经，全体贵族每人手持一支蜡烛，国王宣誓完毕，众人掷烛于地，意思不外是"谁要是违背誓约，就把他消灭"。而且做一次还不行，在《大宪章》颁行后的两个世纪里，历任国王一共被迫做过45次这样的宣誓，每人至少做了两次。[2] 这个传统直到都铎朝（1485—1603）才中断。在整个都铎朝，《大宪章》一次都没被提起过。

都铎朝是英国历史上唯一一个可以称得上专制的王朝，原因首先是所谓的"玫瑰战争"（1455—1487），这是约克和兰开斯特两大家族的王位争夺战，所有的贵族都被迫站队。战争得名于两大家族的族徽：约克家的是白玫瑰，兰开斯特家的是红玫瑰。30多年打下来，贵族死伤惨重，有24个家族甚至断了子嗣。最后兰开斯特家的一个旁支亨利·都铎夺得王位，是为亨利七世。这时两大阵营中的幸存各家都已筋疲力竭，亨利七世更是娶了约克家的长女伊丽莎白公主为王后，以示两家共享天下。普通百姓也对

---

[1] 艾伦·麦克法兰：《现代世界的诞生》，上海人民出版社，2013年，第211页。

[2] Robert Aitken and Marilyn Aitken, "Magna Carta", *Litigation*, Spring 2009, Vol.35, No.3, p.60.

战争深恶痛绝，新王顺应民意，剥夺了贵族组织私家军队的权利，大大削弱了他们对抗王权的力量。

都铎朝的两位主要君主是亨利八世（1509—1547 在位）和伊丽莎白一世（1558—1603 在位），他（她）们在位时期正是外交上的多事之秋，亨利八世以宗教改革为名让英国从罗马教会独立出来，伊丽莎白一世一生面对法国和西班牙两个天主教强邻不断的战争威胁，最终占了上风。这些外交上的胜利加强了王权，贵族和中间等级也乐意把相当一部分政治权力交给朝廷以便一致对外。这样便成就了王室的专制。

莎士比亚（1564—1616）的名剧《约翰王》完成于 16 世纪90 年代早期，剧中对《大宪章》一字未提。当时正值对西战争胜利，伊丽莎白女王权力如日中天，况且她又是年轻的莎士比亚最大的金主，以莎氏之精明，当然不会去描述君主的走麦城，以免触犯龙颜。

不过英国的专制制度是短暂的，到 17 世纪初事情就起了变化。伊丽莎白女王终身未婚，也没有子嗣，她去世以后议会决定把王冠交给她的外甥，苏格兰王詹姆士六世。这位詹姆士到英格兰以后称为詹姆士一世（1603—1625 在位），成为斯图亚特朝（1603—1714）的第一位君主。詹姆士一世和他的儿子查理一世（1625—1649 在位）企图继承和扩展斯图亚特王室的绝对君主专制，引起了大部分贵族和中间等级的不满，议会起而反对国王，在 1642 年引起内战，最终查理一世战败而上了断头台。在这场斗争中，《大宪章》第一次被解释成英国的根本大法。曾任首席大法官的爱德华·柯克爵士宣称《大宪章》"大部分是对英格兰根本法律基础的一种昭示，其余部分则是弥补普通法的不足"。[1]这样一来，一份中世纪关于财产关系的文件成了议会跟国王宪政斗争的大旗。一个多世纪以后，这面大旗又被北美殖民地人民接了过去，用来反对英国政府对他们的强制性税收政策，最终导致美国的独立。美国人对《大宪章》的珍爱可以表现在这样一件事上：1789 年当美国联邦最高法院在华盛顿成立的时候，它的大门上刻着三幅画，一幅是约翰王接受《大宪章》，一幅是爱德华一世宣誓忠于《大宪章》，再一幅是柯克爵士驳斥詹姆士一世。

《大宪章》是普通法的典型例子。按照学界普遍接受的观点，普通法具有以下特点：（一）它是关于行为规范的完整的规则体系；（二）它由王室法庭执行；（三）它以判例来发展自己的规则和法理；（四）由陪审团裁决；（五）严守程序，或者说程序至上。《大宪章》在它所经历的风风雨雨中，正好符合了所有这些特征。它不是一部成文宪法，起草它的人从来没有认为他们在为英国决定一种根本大法；相反，它的绝大部分条款都是琐碎的、具体的，以至于在后来的岁月里几乎全都失效了；它关于"自由人"的界定后来演变成"所有人"；它需要每一位国王一次又一次地宣誓确认再确认；它坚持同侪审判，也就是陪审团审判的原则；它特别强调程序法；如此等等。

---

[1] J. C. Holt, "The Ancient Constitution of Medieval England", in Ellis Sandoz, ed. *The roots of liberty: Magna Carta, ancient constitution and the Anglo-American tradition of the rule of law*, (Indiarapolis,1993), p.25.

　　《大宪章》生存下来是个奇迹，就像普通法生存下来是个奇迹一样。

　　正是由于普通法的传统，英国的 Parliament 从御前司法会议演变成为与王权对立的议会，在立法上与国王分庭抗礼，而法国的 Parliament 却始终停留在高等法院的职能上。

司法至上主义

　　普通法的司法至上主义在历史上曾经受到两方面的威胁，一是罗马法的入侵，二是议会的立法权。12 世纪欧洲大陆文艺复兴运动兴起，大量罗马时期的法律文献被重新发现和整理，罗马法逐渐成为欧洲统一的法律体系。但幸运的是，由于时间上的阴差阳错，12 世纪末罗马法传到英国时正好晚了一个世纪，此时的普通法经过一百年左右的实践已经蔚然成风，成为王国统治的一种基本构架，所以尽管教会极力推广罗马法，王室却不允许教授罗马法。此外，普通法已经造就了一个强大的法律职业阶层，他们的上层本身兼任王室－国家的高级管理人员，中层是地方社会的实际组织者如骑士和乡绅（他们是英国治安官 Justices of the Peace 的先驱），下层则是全靠诉讼为生的法庭书记员、讼师之类。他们是普通法的既得利益者，如果让罗马法及其代表罗马天主教会占了上风，他们轻则丧失部分权力，重则丢失生计。所以他们自然而然地全力抵制罗马法以确保普通法的阵地。

　　罗马法如果成功入侵英伦会有什么样的结果？我们来听一听公元 6 世纪罗马法的集大成者东罗马皇帝查士丁尼怎么讲：

　　　　任何法官或仲裁者都不应该被他所认为错误的法律观点所左右；更不能被官员和其他法官的决定所左右。……裁决只能根据法律条文，而不能根据判例。[1]

　　以判例法为基础的普通法真是命悬一线。假设诺曼入侵英伦晚一个世纪，或者罗马法入侵英伦早一个世纪，世界上大概根本就不会有普通法这么一回事。

　　普通法受到的另一个威胁来自议会立法权的日益强大。从18世纪开始英国虚君制逐渐站稳了脚跟，议会权威超越王权，这就给了议会通过立法实现专权的可能性。特别是由于竞争性政党制度的建立，议会多数党自然成为执政党，这种行政权和立法权的高度一致，足以威胁到普通法的司法至上原则。但是，植根于英国法律之中的传统力量被证明甚至比议会改革这样的近代政治运动更强大。这些传统中有利于普通法的有三个方面：首先，是对法律程序的坚守，这就是说不管实质法有什么变化，程序不随之改变，这就有效地限制了立法权对司法的干预；其次，法律业界人士越来越专业化，他们的职责跟行政官吏完全分离，形成独特的职业集团，在议会改革的每一个步骤中他们都参与其中，并且顽强地坚守自己的职业习惯；最后，作为诉讼基础的王室许可状制度一直延续到19世纪中期，这项王室的司法特权对判例法的保

---

[1] C. K. Allen, *Law in the Making*, Oxford University Press, 1961, p.168.

存和延续功不可没。

今天的英国大法官一职仍由议会上院议长兼任，以防民选的下院作为立法机构滥用职权。

总之，宪政的胜利不是由于有了《大宪章》；正相反，《大宪章》的幸存是由于普通法传统的存在，而《大宪章》有幸成了普通法的一部分。

自然法的法哲学原则

普通法在发展过程中，一种原本来自普通法之外的法理精神在近代加盟进来，这就是自然法原则。

中世纪的英国人是没有立法权至高无上的观念的。柯克爵士从来不承认现代人所理解的立法与司法的对立。他把国会看作一个法院，而不是一个立法机构，其功能乃是宣告法律（jus dicere），而不是创制法律（jus dare）。[1]这个理念后来被美国人发扬光大。譬如，罗斯福在20世纪30年代初的大萧条当中实施新政，成功挽救经济，危机过去以后，联邦最高法院"适时"裁定以总统行政令颁布的、国会通过的新政措施违宪，从而予以终止；而总统方面则可以依据平衡原则否决国会通过的法案；这些规则看上去"专断"粗暴，但却不损害宪政原则，就是得益于普通法传统。美

---

[1] G. R. Elton（ed.），*The Tudor Constitution*, Cambridge University Press, 1960, pp.233–34.

国独立以后采用的是古老的英国都铎朝式的实君制，因为当时有十三个殖民地，实际上就是十三个国家，如果总统权力太小，联邦就有可能四分五裂，所以美国宪法树立了一个都铎君主式的强大总统，议会反而相对弱小。在这种制度下，总统是最高司法当局的一部分，他可以接受上诉、任命法官、赦免罪犯，只不过现在总统是靠民选而不是世袭产生的；而英国今天的制度却是在1688年"光荣革命"以后逐渐形成的虚君制，君主已失去这些权力，而议会则独揽大权。普通法的弹性一至于此。

普通法的实行依赖于"正当性"原则，即人心中的理性和正义感。这决定了个体的判断高于成文条款。但这种普通法的理性是实践理性（或工具理性）而非分析理性，它就事论事，而不刨根问底，尤其在普通法不适用于全体人口的情况下（早期普通法只适用于武士、扈从以上的贵族和准贵族，其他人口则受制于封建法）。从12世纪晚期开始，自由农被允许到普通法法庭起诉，到15世纪中后期，维兰身份消失，普通法才成为全民适用的法律。[1]这种理性的工具性就越发突出。随着普通法的适用范围越来越广，最后包容全体人口，英国法理学中的分析理性因素才越来越显现，由此在16世纪形成了自然法理论。

自然法的概念古已有之，从亚里士多德、西塞罗到阿奎那，"自然正义"（拉丁文：jus naturale）是一脉相承的，这表现在西塞罗的名言："真正的法律是与自然协调一致的正确理性；它是普

---

[1] *The Gentry, The Rise and Fall of a Ruling Class*, pp.22–23.

适的，永不变化、永世长存……我们不需要到自身之外去寻找一个对法律的诠释者。在罗马、在雅典，没有不同的法律；在当下、在将来，也没有不同的法律，有的只是一种亘古的、永不变化的法律。它适用于所有国家和所有时代，而且也只有一个主宰，一个规范者，那就是上帝，他统治我们全体，因为他是法律的源泉、法律的颁布者，也是法律的施行者。"[1] 普通法继承了这种理念，如柯克法官所说："自然法是上帝在造人的那一瞬间植入人之心中，以利于他的自我保存并给他以指导。"[2] 近代的自然法理论与以往不同的是它引入了"自然权利"概念，许多论者干脆就把自然权利和自然法作为一个概念，特别是由于法语词 droit 既可以解释为"权利"，又可以解释为"法"。这种"自然"之权利又被引申为"不可让渡"之权利，经过洛克的归纳，成为"生命权、自由权、财产权"。[3] 假如政府未能捍卫上述权利，则人民有权将其推翻并建立一个新政府。这一理念最终在美国《独立宣言》中得到体现："我们宣布以下诸点为自证之真理：所有的人都生而平等，并且拥有上帝所赐之不可让渡之权利，其中包括生命权、自由权和追求幸福之权。"孟德斯鸠称英国"是这个世界上以政治自由为其宪制之直接目标的一个国家"[4]，他指的实际上是"唯一的国家"。

---

[1] Marcus Tullius Cicero, *Republic*, 1928, New York, III, xxii,33.

[2] Sir Edward Coke, *The Selected Writings and Speeches*, Indianapolis, 2003, Vol.l, pp.195–197.

[3] 洛克：《政府论》（下篇），商务印书馆，2007 年，第 94 页。

[4] 孟德斯鸠：《论法的精神》（上），商务印书馆，2002 年，第 155 页。

结　语

　　绝对财产权和普通法这两盏微弱的烛光在中世纪的狂风恶浪中是随时可能被扑灭的。果真这样的话，那宪政也将不复存在。

　　但英国是上帝眷顾的民族。我们可以举几个例子来看看，假如偶然性不出来干预的话，情形有可能是什么样子。

　　普通法需要财富来支撑，因为一个贫穷的社会是养不起陪审制的。开庭可能旷日持久，这 12 个陪审员必须抛开营生奉陪到底而得不到丝毫补偿。只是到 19 世纪陪审员才由法庭给予补偿。按照 15 世纪高等法院法官福蒂斯丘的记载，在英格兰"几乎在每一个小村庄里你都可以找到足够的殷实人家来组成陪审团"。[1]这当然说明了英国的富足。但问题是英国的土地并不适合农业，它的小麦亩产不及法国的 2/3，这在国际竞争中是致命的。假如农业继续是主业，那英国必败无疑。幸运的是，地理大发现把英伦三岛从欧洲市场的边缘放到了大西洋贸易之路的正中，这使得英国最

---

[1] Laura C. Lambdin and Robert T. Lambdin, eds., *Chaucer's Pilgrims: An Historical Guide to the Pilgrims in "The Canterbury Tales"*, Greenwood Press, 1996, p.139.

终取代西班牙、葡萄牙和荷兰成为海上贸易的霸主。英国经济的一枝独秀不但把陪审制在本土保存了下来，而且使它在英属殖民地包括美国发扬光大。

前面我们说到，普通法的另一个大敌是教会法。罗马教会一直在与英国法争夺地盘，直到16世纪初，它还禁止在英国的大学里教授普通法，因为大学是教会的领地。不过亨利八世改变了这一切。他与罗马教廷的决裂把英国带入新教的世界。这使得英国早早地摆脱了罗马教廷在政治上和经济上的沉重压迫，也消灭了英国国土上最大的一个封建领主。试想一下，假如亨利的第一任妻子为他生下一个儿子，今天在英国占统治地位的会是什么教？

专制制度在英国无法存在的另一个重要原因跟军事有关。16世纪以降，随着罗马教会和封建制度的衰败，民族国家异军突起，其形式几乎无一例外是绝对君主制，或称专制君主制。英国本来也正在走上这条道路，是什么让它停步不前了呢？因为英国的君主手里没有一支像他（她）们欧洲大陆的兄弟所拥有的常备军。常备军总是以防御外敌的名义征召，但却被用来将君主的意志强加给臣民。英国是一个岛国，诺曼征服以后没有受到外敌的入侵，因此供养一支常备军的理由站不住脚。但是跟西班牙的战争差一点改变这一切。可以想象，假如无敌舰队没有被风暴摧毁，西班牙军顺利登陆，就算不能立即征服英国，旷日持久的战争也会在一个非常关键的时候让英国的陆军常规化。

缺乏常备军和陆上战争，除了剥夺了英国君主的绝对权力以外，还使得英国的贵族早早就摆脱了黩武的习惯，成为产业的经营者。从他们之中更是产生了一个有闲暇、有教养，并以探究知识为己任的阶层，牛顿、休谟、达尔文这些巨擘正是其中的佼佼者。所以英国成为近代经验科学的摇篮完全顺理成章。

总之，英国是独特的，也是幸运的。英国著名历史学家E.P.汤普森认为：甚至英国贵族这一"古老的腐败"也是有意思的，因为它"最大的力量源泉正好来自国家权力本身的弱；来自父权制、官僚制和保护主义权力的废置；来自它所具有的在重商主义的农业资本主义和制造业资本主义中不断自我复制的能力；来自它所生长于其中的自由放任主义（Laissez-faire）的沃土"。[1]

这个古老的特权阶层创造了宪政来保护自己，结果却因为这个制度本身的自我监督的特性而保护了越来越多的人，使得中间等级和下层等级的人们不必推翻上流社会，而恰恰是通过模仿上流社会来获得保护。在这里，权力制衡的结构性意义远远超过民主本身，而以普选制为标志的民主制实际上只不过是这种结构的一个副产品。

相比之下，法国社会僵硬的等级制度使得贵族习惯于利用封建特权来拒绝第三等级分享市场发展的利益并把他们挡在政治参与的门外，结果他们不得不依靠专制王权来维护自己的特权利益；农民由于没有对地产的自由支配权无法摆脱对小块土地的依附，而领主的封建法庭对领主-佃户交易的裁判权一直保持到法

---

[1] E. P. Thompson, "Eighteenth Century English Society", *Social History*, Vol.3, no.2, 1978, p.141.

国大革命，比英国足足晚了 400 年，由此产生的不公使得农民对领主心存怨恨。这样的产权形式和法律制度恰恰是英国的对立面。所以毫不奇怪，18 世纪英国的税收达到国民总收入的 30% 而不出现危机，法国的税收只有 12%—15% 却导致革命，因为法国社会中最富有的阶层有免税特权并且顽固地不肯放弃。[1] 亚当·斯密有一个"理性经济人"的假设，就是说每一个个人都只是在追求自己的最大利益，而他总是知道该怎么做。这种假设只可能在英国出现，因为绝对产权导致了对一种超越封建法的司法制度的需求，而普通法的发展又把对私有产权的保护推到了极致，这才使个人有理性选择的可能。今天我们终于明白，这就是市场经济和市民社会的真谛。

18 世纪法国的启蒙主义者无不受到 17 世纪英国自由主义思想的影响，但一回到法国他们却处处碰壁，因此他们的自由思想总是打上激进的烙印。在英国出自传统的宪政，在法国却要经过三次革命和三场战争，历时将近一个半世纪，以无数人的生命为代价才勉强实现。

英国今天的法律制度和产权结构早在 13、14 世纪之交就已经构筑完成，以后只是修修补补。从这个意义上说，英国比世界上大多数地方至少提前 500 年进入现代社会。

英国的经验是独特的，全世界没有一个国家能重复这种经验。但宪政的精髓却是可以学习的。

---

[1] 弗朗西斯·福山：《政治秩序的起源》，广西师范大学出版社，2012 年，第 410—411 页。

附　录

《大宪章》1215 年英译本 [1]

JOHN, by the grace of God King of England, Lord of Ireland, Duke of Normandy and Aquitaine, and Count of Anjou, to his archbishops, bishops, abbots, earls, barons, justices, foresters, sheriffs, stewards, servants, and to all his officials and loyal subjects, Greeting.

KNOW THAT BEFORE GOD, for the health of our soul and those of our ancestors and heirs, to the honour of God, the exaltation of the holy Church, and the better ordering of our kingdom, at the advice of our reverend fathers Stephen, archbishop of Canterbury, primate of all England, and cardinal of the

---

[1] *Full-text translation of the 1215 edition of Magna Carta.* 该英译本下载自大英图书馆网站 https://www.bl.uk/collection-items/~/link.aspx?_id=36B2EFB911E04465A9EC8A22CD06655A&_z=z。前面带 "+" 号的条款在 1225 年修订版《大宪章》中仍然有效，但用词稍有改动；前面带 "*" 号的条款在后来重新颁布的所有版本中都被删除了。

holy Roman Church, Henry archbishop of Dublin, William bishop of London, Peter bishop of Winchester, Jocelin bishop of Bath and Glastonbury, Hugh bishop of Lincoln, Walter bishop of Worcester, William bishop of Coventry, Benedict bishop of Rochester, Master Pandulf subdeacon and member of the papal household, Brother Aymeric master of the knighthood of the Temple in England, William Marshal earl of Pembroke, William earl of Salisbury, William earl of Warren, William earl of Arundel, Alan of Galloway constable of Scotland, Warin fitz Gerald, Peter fitz Herbert, Hubert de Burgh seneschal of Poitou, Hugh de Neville, Matthew fitz Herbert, Thomas Basset, Alan Basset, Philip Daubeny, Robert de Roppeley, John Marshal, John fitz Hugh, and other loyal subjects:

+ (1) FIRST, THAT WE HAVE GRANTED TO GOD, and by this present charter have confirmed for us and our heirs in perpetuity, that the English Church shall be free, and shall have its rights undiminished, and its liberties unimpaired. That we wish this so to be observed, appears from the fact that of our own free will, before the outbreak of the present dispute between us and our barons, we granted and confirmed by charter the freedom of the Church's elections-a right reckoned to be of the greatest necessity and importance to it- and caused this to be confirmed by Pope Innocent III. This freedom we shall observe ourselves, and desire to be observed in good faith by our heirs in perpetuity.

TO ALL FREE MEN OF OUR KINGDOM we have also granted, for us and our heirs for ever, all the liberties written out below, to have and to keep for them and their heirs, of us and our heirs:

(2) If any earl, baron, or other person that holds lands directly of the Crown, for military service, shall die, and at his death his heir shall be of full age and owe a "relief", the heir shall have his inheritance on payment of the ancient scale of "relief". That is to say, the heir or heirs of an earl shall pay £ 100 for the entire earl's barony, the heir or heirs of a knight 100s. at most for the entire knight's "fee", and any man that owes less shall pay less, in accordance with the ancient usage of "fees".

(3) But if the heir of such a person is under age and a ward, when he comes of age he shall have his inheritance without "relief" or fine.

(4) The guardian of the land of an heir who is under age shall take from it only reasonable revenues, customary dues, and feudal services. He shall do this without destruction or damage to men or property. If we have given the guardianship of the land to a sheriff, or to any person answerable to us for the revenues, and he commits destruction or damage, we will exact compensation from him, and the land shall be entrusted to two worthy and prudent men of the same "fee", who shall be answerable to us for the revenues, or to the person to whom we have assigned them. If we have given or sold to anyone the guardianship of such land, and he causes destruction or damage, he shall lose the guardianship of it, and it shall be handed over to two worthy and prudent men of the same "fee", who shall be similarly answerable to us.

(5) For so long as a guardian has guardianship of such land, he shall maintain the houses, parks, fish preserves, ponds, mills, and everything else

pertaining to it, from the revenues of the land itself. When the heir comes of age, he shall restore the whole land to him, stocked with plough teams and such implements of husbandry as the season demands and the revenues from the land can reasonably bear.

(6) Heirs may be given in marriage, but not to someone of lower social standing. Before a marriage takes place, it shall be made known to the heir's next-of-kin.

(7) At her husband's death, a widow may have her marriage portion and inheritance at once and without trouble. She shall pay nothing for her dower, marriage portion, or any inheritance that she and her husband held jointly on the day of his death. She may remain in her husband's house for forty days after his death, and within this period her dower shall be assigned to her.

(8) No widow shall be compelled to marry, so long as she wishes to remain without a husband. But she must give security that she will not marry without royal consent, if she holds her lands of the Crown, or without the consent of whatever other lord she may hold them of.

(9) Neither we nor our officials will seize any land or rent in payment of a debt, so long as the debtor has movable goods sufficient to discharge the debt. A debtor's sureties shall not be distrained upon so long as the debtor himself can discharge his debt. If, for lack of means, the debtor is unable to discharge his debt, his sureties shall be answerable for it. If they so desire, they may have the debtor's lands and rents until they have received satisfaction for the debt that they paid for him, unless the debtor can show that he has settled his obligations

to them.

* (10) If anyone who has borrowed a sum of money from Jews dies before the debt has been repaid, his heir shall pay no interest on the debt for so long as he remains under age, irrespective of whom he holds his lands. If such a debt falls into the hands of the Crown, it will take nothing except the principal sum specified in the bond.

* (11) If a man dies owing money to Jews, his wife may have her dower and pay nothing towards the debt from it. If he leaves children that are under age, their needs may also be provided for on a scale appropriate to the size of his holding of lands. The debt is to be paid out of the residue, reserving the service due to his feudal lords. Debts owed to persons other than Jews are to be dealt with similarly.

* (12) No "scutage" or "aid" may be levied in our kingdom without its general consent, unless it is for the ransom of our person, to make our eldest son a knight, and (once) to marry our eldest daughter. For these purposes only a reasonable "aid" may be levied. "Aids" from the city of London are to be treated similarly.t

+ (13) The city of London shall enjoy all its ancient liberties and free customs, both by land and by water. We also will and grant that all other cities, boroughs, towns, and ports shall enjoy all their liberties and free customs.

* (14) To obtain the general consent of the realm for the assessment of an "aid"-except in the three cases specified above-or a "scutage", we will cause the archbishops, bishops, abbots, earls, and greater barons to be summoned individually by letter. To those who hold lands directly of us we will cause a general summons to be issued, through the sheriffs and other officials, to come together on a fixed day (of which at least forty days notice shall be given) and at a fixed place. In all letters of summons, the cause of the summons will be stated. When a summons has been issued, the business appointed for the day shall go forward in accordance with the resolution of those present, even if not all those who were summoned have appeared.

* (15) In future we will allow no one to levy an "aid" from his free men, except to ransom his person, to make his eldest son a knight, and (once) to marry his eldest daughter. For these purposes only a reasonable 'aid' may be levied.

(16) No man shall be forced to perform more service for a knight's "fee", or other free holding of land, than is due from it.

(17) Ordinary lawsuits shall not follow the royal court around, but shall be held in a fixed place.

(18) Inquests of novel disseisin, mort d'ancestor, and darrein presentment shall be taken only in their proper county court. We ourselves, or in our absence abroad our chief justice, will send two justices to each county four times a year, and these justices, with four knights of the county elected by the county itself, shall hold the assizes in the county court, on the day and in the place where the court meets.

(19) If any assizes cannot be taken on the day of the county court, as many knights and freeholders shall afterwards remain behind, of those who

have attended the court, as will suffice for the administration of justice, having regard to the volume of business to be done.

(20) For a trivial offence, a free man shall be fined only in proportion to the degree of his offence, and for a serious offence correspondingly, but not so heavily as to deprive him of his livelihood. In the same way, a merchant shall be spared his merchandise, and a villein the implements of his husbandry, if they fall upon the mercy of a royal court. None of these fines shall be imposed except by the assessment on oath of reputable men of the neighbourhood.

(21) Earls and barons shall be fined only by their equals, and in proportion to the gravity of their offence.

(22) A fine imposed upon the lay property of a clerk in holy orders shall be assessed upon the same principles, without reference to the value of his ecclesiastical benefice.

(23) No town or person shall be forced to build bridges over rivers except those with an ancient obligation to do so.

(24) No sheriff, constable, coroners, or other royal officials are to hold lawsuits that should be held by the royal justices.

* (25) Every county, hundred, wapentake, and tithing shall remain at its ancient rent, without increase, except the royal demesne manors.

(26) If at the death of a man who holds a lay "fee" of the Crown, a sheriff or royal official produces royal letters patent of summons for a debt due to the Crown, it shall be lawful for them to seize and list movable goods found in the lay "fee" of the dead man to the value of the debt, as assessed by worthy men.

Nothing shall be removed until the whole debt is paid, when the residue shall be given over to the executors to carry out the dead man's will. If no debt is due to the Crown, all the movable goods shall be regarded as the property of the dead man, except the reasonable shares of his wife and children.

* (27) If a free man dies intestate, his movable goods are to be distributed by his next-of-kin and friends, under the supervision of the Church. The rights of his debtors are to be preserved.

(28) No constable or other royal official shall take corn or other movable goods from any man without immediate payment, unless the seller voluntarily offers postponement of this.

(29) No constable may compel a knight to pay money for castle-guard if the knight is willing to undertake the guard in person, or with reasonable excuse to supply some other fit man to do it. A knight taken or sent on military service shall be excused from castle-guard for the period of this service.

(30) No sheriff, royal official, or other person shall take horses or carts for transport from any free man, without his consent.

(31) Neither we nor any royal official will take wood for our castle, or for any other purpose, without the consent of the owner.

(32) We will not keep the lands of people convicted of felony in our hand for longer than a year and a day, after which they shall be returned to the lords of the "fees" concerned.

(33) All fish-weirs shall be removed from the Thames, the Medway, and throughout the whole of England, except on the sea coast.

(34) The writ called precipe shall not in future be issued to anyone in respect of any holding of land, if a free man could thereby be deprived of the right of trial in his own lord's court.

(35) There shall be standard measures of wine, ale, and corn (the London quarter), throughout the kingdom. There shall also be a standard width of dyed cloth, russet, and haberject, namely two ells within the selvedges. Weights are to be standardised similarly.

(36) In future nothing shall be paid or accepted for the issue of a writ of inquisition of life or limbs. It shall be given gratis, and not refused.

(37) If a man holds land of the Crown by "fee-farm", "socage", or "burgage", and also holds land of someone else for knight's service, we will not have guardianship of his heir, nor of the land that belongs to the other person's "fee", by virtue of the "fee-farm", "socage", or "burgage", unless the "fee-farm" owes knight's service. We will not have the guardianship of a man's heir, or of land that he holds of someone else, by reason of any small property that he may hold of the Crown for a service of knives, arrows, or the like.

(38) In future no official shall place a man on trial upon his own unsupported statement, without producing credible witnesses to the truth of it.

+ (39) No free man shall be seized or imprisoned, or stripped of his rights or possessions, or outlawed or exiled, or deprived of his standing in any way, nor will we proceed with force against him, or send others to do so, except by the lawful judgment of his equals or by the law of the land.

+ (40) To no one will we sell, to no one deny or delay right or justice.

(41) All merchants may enter or leave England unharmed and without fear, and may stay or travel within it, by land or water, for purposes of trade, free from all illegal exactions, in accordance with ancient and lawful customs. This, however, does not apply in time of war to merchants from a country that is at war with us. Any such merchants found in our country at the outbreak of war shall be detained without injury to their persons or property, until we or our chief justice have discovered how our own merchants are being treated in the country at war with us. If our own merchants are safe they shall be safe too.

* (42) In future it shall be lawful for any man to leave and return to our kingdom unharmed and without fear, by land or water, preserving his allegiance to us, except in time of war, for some short period, for the common benefit of the realm. People that have been imprisoned or outlawed in accordance with the law of the land, people from a country that is at war with us, and merchants-who shall be dealt with as stated above-are excepted from this provision.

(43) If a man holds lands of any "escheat" such as the "honour" of Wallingford, Nottingham, Boulogne, Lancaster, or of other "escheats" in our hand that are baronies, at his death his heir shall give us only the "relief" and service that he would have made to the baron, had the barony been in the baron's hand. We will hold the "escheat" in the same manner as the baron held it.

(44) People who live outside the forest need not in future appear before the royal justices of the forest in answer to general summonses, unless they are actually involved in proceedings or are sureties for someone who has been seized for a forest offence.

* (45) We will appoint as justices, constables, sheriffs, or other officials, only men that know the law of the realm and are minded to keep it well.

(46) All barons who have founded abbeys, and have charters of English kings or ancient tenure as evidence of this, may have guardianship of them when there is no abbot, as is their due.

(47) All forests that have been created in our reign shall at once be disafforested. River-banks that have been enclosed in our reign shall be treated similarly.

* (48) All evil customs relating to forests and warrens, foresters, warreners, sheriffs and their servants, or river-banks and their wardens, are at once to be investigated in every county by twelve sworn knights of the county, and within forty days of their enquiry the evil customs are to be abolished completely and irrevocably. But we, or our chief justice if we are not in England, are first to be informed.

* (49) We will at once return all hostages and charters delivered up to us by Englishmen as security for peace or for loyal service.

* (50) We will remove completely from their offices the kinsmen of Gerard de Athée, and in future they shall hold no offices in England. The people in question are Engelard de Cigogné, Peter, Guy, and Andrew de Chanceaux, Guy de Cigogné, Geoffrey de Martigny and his brothers, Philip Marc and his brothers, with Geoffrey his nephew, and all their followers.

* (51) As soon as peace is restored, we will remove from the kingdom all the foreign knights, bowmen, their attendants, and the mercenaries that have

come to it, to its harm, with horses and arms.

* (52) To any man whom we have deprived or dispossessed of lands, castles, liberties, or rights, without the lawful judgment of his equals, we will at once restore these. In cases of dispute the matter shall be resolved by the judgment of the twenty-five barons referred to below in the clause for securing the peace (§ 61). In cases, however, where a man was deprived or dispossessed of something without the lawful judgment of his equals by our father King Henry or our brother King Richard, and it remains in our hands or is held by others under our warranty, we shall have respite for the period commonly allowed to Crusaders, unless a lawsuit had been begun, or an enquiry had been made at our order, before we took the Cross as a Crusader. On our return from the Crusade, or if we abandon it, we will at once render justice in full.

* (53) We shall have similar respite in rendering justice in connexion with forests that are to be disafforested, or to remain forests, when these were first afforested by our father Henry or our brother Richard; with the guardianship of lands in another person's "fee", when we have hitherto had this by virtue of a "fee" held of us for knight's service by a third party; and with abbeys founded in another person's "fee", in which the lord of the "fee" claims to own a right. On our return from the Crusade, or if we abandon it, we will at once do full justice to complaints about these matters.

(54) No one shall be arrested or imprisoned on the appeal of a woman for the death of any person except her husband.

* (55) All fines that have been given to us unjustly and against the law of

the land, and all fines that we have exacted unjustly, shall be entirely remitted or the matter decided by a majority judgment of the twenty-five barons referred to below in the clause for securing the peace (§ 61) together with Stephen, archbishop of Canterbury, if he can be present, and such others as he wishes to bring with him. If the archbishop cannot be present, proceedings shall continue without him, provided that if any of the twenty-five barons has been involved in a similar suit himself, his judgment shall be set aside, and someone else chosen and sworn in his place, as a substitute for the single occasion, by the rest of the twenty-five.

(56) If we have deprived or dispossessed any Welshmen of land, liberties, or anything else in England or in Wales, without the lawful judgment of their equals, these are at once to be returned to them. A dispute on this point shall be determined in the Marches by the judgment of equals. English law shall apply to holdings of land in England, Welsh law to those in Wales, and the law of the Marches to those in the Marches. The Welsh shall treat us and ours in the same way.

* (57) In cases where a Welshman was deprived or dispossessed of anything, without the lawful judgment of his equals, by our father King Henry or our brother King Richard, and it remains in our hands or is held by others under our warranty, we shall have respite for the period commonly allowed to Crusaders, unless a lawsuit had been begun, or an enquiry had been made at our order, before we took the Cross as a Crusader. But on our return from the Crusade, or if we abandon it, we will at once do full justice according to the

laws of Wales and the said regions.

* (58) We will at once return the son of Llywelyn, all Welsh hostages, and the charters delivered to us as security for the peace.

* (59) With regard to the return of the sisters and hostages of Alexander, king of Scotland, his liberties and his rights, we will treat him in the same way as our other barons of England, unless it appears from the charters that we hold from his father William, formerly king of Scotland, that he should be treated otherwise. This matter shall be resolved by the judgment of his equals in our court.

(60) All these customs and liberties that we have granted shall be observed in our kingdom in so far as concerns our own relations with our subjects. Let all men of our kingdom, whether clergy or laymen, observe them similarly in their relations with their own men.

* (61) SINCE WE HAVE GRANTED ALL THESE THINGS for God, for the better ordering of our kingdom, and to allay the discord that has arisen between us and our barons, and since we desire that they shall be enjoyed in their entirety, with lasting strength, for ever, we give and grant to the barons the following security:

The barons shall elect twenty-five of their number to keep, and cause to be observed with all their might, the peace and liberties granted and confirmed to them by this charter.

If we, our chief justice, our officials, or any of our servants offend in any respect against any man, or transgress any of the articles of the peace or of this security, and the offence is made known to four of the said twenty-five barons, they shall come to us-or in our absence from the kingdom to the chief justice-to declare it and claim immediate redress. If we, or in our absence abroad the chief justice, make no redress within forty days, reckoning from the day on which the offence was declared to us or to him, the four barons shall refer the matter to the rest of the twenty-five barons, who may distrain upon and assail us in every way possible, with the support of the whole community of the land, by seizing our castles, lands, possessions, or anything else saving only our own person and those of the queen and our children, until they have secured such redress as they have determined upon. Having secured the redress, they may then resume their normal obedience to us.

Any man who so desires may take an oath to obey the commands of the twenty-five barons for the achievement of these ends, and to join with them in assailing us to the utmost of his power. We give public and free permission to take this oath to any man who so desires, and at no time will we prohibit any man from taking it. Indeed, we will compel any of our subjects who are unwilling to take it to swear it at our command.

If one of the twenty-five barons dies or leaves the country, or is prevented in any other way from discharging his duties, the rest of them shall choose another baron in his place, at their discretion, who shall be duly sworn in as they were.

In the event of disagreement among the twenty-five barons on any matter referred to them for decision, the verdict of the majority present shall have the same validity as a unanimous verdict of the whole twenty-five, whether these were all present or some of those summoned were unwilling or unable to appear.

The twenty-five barons shall swear to obey all the above articles faithfully, and shall cause them to be obeyed by others to the best of their power.

We will not seek to procure from anyone, either by our own efforts or those of a third party, anything by which any part of these concessions or liberties might be revoked or diminished. Should such a thing be procured, it shall be null and void and we will at no time make use of it, either ourselves or through a third party.

* (62) We have remitted and pardoned fully to all men any ill-will, hurt, or grudges that have arisen between us and our subjects, whether clergy or laymen, since the beginning of the dispute. We have in addition remitted fully, and for our own part have also pardoned, to all clergy and laymen any offences committed as a result of the said dispute between Easter in the sixteenth year of our reign (i.e. 1215) and the restoration of peace.

In addition we have caused letters patent to be made for the barons, bearing witness to this security and to the concessions set out above, over the seals of Stephen archbishop of Canterbury, Henry archbishop of Dublin, the other bishops named above, and Master Pandulf.

* (63) IT IS ACCORDINGLY OUR WISH AND COMMAND that the English Church shall be free, and that men in our kingdom shall have and keep all these liberties, rights, and concessions, well and peaceably in their fullness

and entirety for them and their heirs, of us and our heirs, in all things and all places for ever.

Both we and the barons have sworn that all this shall be observed in good faith and without deceit. Witness the abovementioned people and many others.

Given by our hand in the meadow that is called Runnymede, between Windsor and Staines, on the fifteenth day of June in the seventeenth year of our reign (i.e. 1215: the new regnal year began on 28 May).

推荐阅读资料

中文

[1] 艾伦·麦克法兰. 现代世界的诞生 [M]. 上海：上海人民出版社，2013.

[2] 艾伦·麦克法兰. 英国个人主义的起源 [M]. 北京：商务印书馆，2008.

[3] 巴里·尼古拉斯. 罗马法概论 [M]. 北京：法律出版社，2010.

[4] 弗朗西斯·福山. 政治秩序的起源 [M]. 桂林：广西师范大学出版社，2012.

[5] J. M. 凯利. 西方法律思想简史 [M]. 北京：法律出版社，2003.

[6] 洛克. 政府论 [M]. 北京：商务印书馆，2007.

[7] 马克斯·韦伯. 新教伦理与资本主义精神 [M]. 北京：生活·读书·新知三联书店，1987.

[8] 孟德斯鸠. 论法的精神 [M]. 北京：商务印书馆，2002.

[9] R. C. 范·卡内冈. 英国普通法的诞生 [M]. 北京：中国政法大学出版社，2003.

[10] 威廉·布莱克斯通. 英国法释义 [M]. 上海：上海人民出版社，2001.

[11] 沃尔特·白哲特. 英国宪制 [M]. 北京：北京大学出版社，2005.

[12] 小詹姆斯·R. 斯托纳. 普通法与自由主义理论 [M]. 北京：北京大学出版社，2005.

[13] 约翰·赫伊津哈. 中世纪的衰落 [M]. 杭州：中国美术学院出版社，1997.

[14] 詹·迈克科米克-华生. 英国法律体系基础 [M]. 武汉：武汉大学出版社，2004.

外文

[1] Allen, C. K., *Law in the Making*, 1961

[2] Bean, J.M.W., *The Decline of English Feudalism*, 1968

[3] Briggs, A., *A Social History of England*, 1984

[4] Bri tnell, R, et al (ed.), *Progress and problems in medieval England*, 1996

[5] Br own, A. L., *The Governance of Late Medieval England, 1272-1461*, 1989

[6] Ci cero, Marcus Tullius, *Republic*, 1928

[7] Clark, J. C. D., *English Society 1688-1832*, 1985

[8] Davis, R. H. C., *From Alfred the Great to Stephen*, 1991

[9] Faith, R., *The English Peasantry and the Growth of Lordship*, 1997

[10] Fernandez-Armesto, Felipe, *The Spanish Armada*, 1989

[11] Frugoni, Chiara, *A Day in A Medieval City*, 2006

[12] Ganshof, F. L., *Feudalism*, 1996

[13] Gies, Frances and Joseph, *Daily Life in Medieval Times*, 1990

[14] Given-Wilson, Chris, *English Nobility in the late Middle Ages*, 1987

[15] Hallam, Elizabeth M., *Domesday Book Through Nine Centuries*, 1986

[16] Hayek, F. A. , Law , *Legislation and Liberty*, 1973

[17] Hilton, R. H., *The English Peasantry in the Later Middle Ages*, 1975

[18] Hindley, Geoffrey, *A Brief History of Magna Carta*, 2015

[19] Hogue, A. R. , *Origins of the Common Law*, 1985

[20] Holt, J. C., *Magna Carta*, 1976

[21] Howlbrooke, Ralph A., *The English Family 1450-1700*, 1988

[22] Jarvie, I. C., *Karl Popper: A Centenary Assessment*, Vol. I, 2006

[23] Ka menka, Eugene, et al (eds.), *Feudalism, Capitalism and Beyond*, 1975

[24] Laing, Lloyd & Jennifer, *Anglo-Saxon England*, 1979

[25] Lambdin, Laura C. and Robert T., (eds.), *Chaucer's Pilgrims: An Historical Guide to the Pilgrims in The Canterbury Tales"*, 1996

[26] Lander, J. R., *English Justices of Peace, 1461-1509*, 1989

[27] Laurence, Anne, *Women in England, 1500-1760*, 2002

[28] Maitland, F. W., *Historical Essays*, 1957

[29] Maitland, F. W., *The Constitutional History of England*, 1961

[30] Mingay, G. E., *The Gentry, The Rise and Fall of a Ruling Class*, 1976

[31] Morgan, Kenneth O. (ed.), *The Oxford Illustrated History of Britain*, 1986

[32] Paxman, Jeremy, *The English*, 1999

[33] Pollock, F., and Maitland, F. W., *The History of English Law Before the time of Edward I*, 1898

[34] Poole, A. L., *Obligations of Society in the XII and XIIIth Centuries*, 1946

[35] Power, Eileen, *Medieval Women*, 1981

[36] Prest, Wilfrid, *The Professions in Early Modern England*, 1987

[37] Prestwich, Michael, *English Politics in the Thirteenth Century*, 1990

[38] Roberts, Clayton, *The Growth of Responsible Government in Stuart England*, 1966

[39] Sanders, L. J., *Feudal Military Service*, 1956

[40] S andoz, Ellis(ed.), *The roots of liberty: Magna Carta, ancient constitution and the Anglo-American tradition of the rule of law*, 1993

[41] Sawyer, Peter (ed.), *Domesday Book, A Reassessment*, 1985

[42] Scarisbrick, J. J., *Henry VIII*, 1991

[43] S earle, E., *Lordship and Community*：*Battle Abby and its Banlieu, 1066-1538*, 1974

[44] Stubbs, William, *Constitutional History of England*, 1874-1878, vol. I

[45] Tocqueville, Alexis de, *L'ancien régime*, 1956

[46] Wrightson, Keith, *English Society, 1580-1680*, 1988

索　引

117

致 谢

　　本书的出版首先要感谢我的朋友和同事高力克教授的提议和推介，同时他还对初稿提出许多中肯的批评和建议。可以说没有力克的督促就不会有这本小书。另一位朋友周明教授也拨冗阅读了初稿并提出了有益的修改意见。本书的两位编辑张颐和周红聪在校审过程中做了大量工作。没有她们锲而不舍的专业精神，本书不可能顺利出版。我过去的学生朱晶博士和潘坤（她正在攻读英国思想史的博士学位）在百忙中分担了书稿的打字工作，朱晶也贡献了不可或缺的批评意见。在此一并致谢。

图书在版编目（CIP）数据

为什么是英国？：有限政府的起源 / 刘为著 . —
杭州：浙江大学出版社，2019.3
ISBN 978-7-308-18991-0

Ⅰ.①为… Ⅱ.①刘… Ⅲ.①政治制度史—研究—英
国 Ⅳ.① D756.19

中国版本图书馆 CIP 数据核字（2019）第 039325 号

为什么是英国？：有限政府的起源
刘　为 著

责任编辑	周红聪
文字编辑	张　颐
责任校对	杨利军　程曼漫
装帧设计	周伟伟
出版发行	浙江大学出版社
	（杭州市天目山路 148 号 邮政编码 310007）
	（网址：http://www.zjupress.com）
排　　版	北京大有艺彩图文设计有限公司
印　　刷	北京天宇万达印刷有限公司
开　　本	635mm×965mm　1/16
印　　张	9
字　　数	93 千
版 印 次	2019 年 3 月第 1 版　2025 年 4 月第 4 次印刷
书　　号	ISBN 978-7-308-18991-0
定　　价	40.00 元